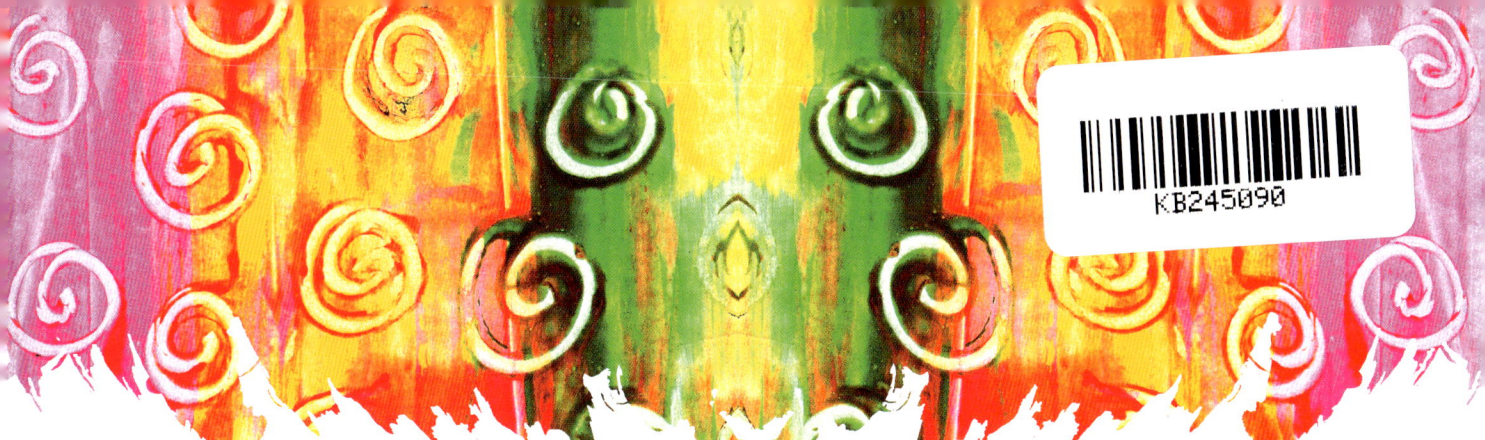

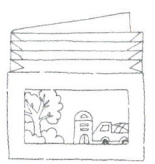 책 만들기를 통한 상상의 날개 접기

어린이 북아트 1급

김 나 래 지음

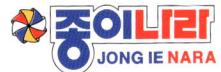
종이나라
JONG IE NARA

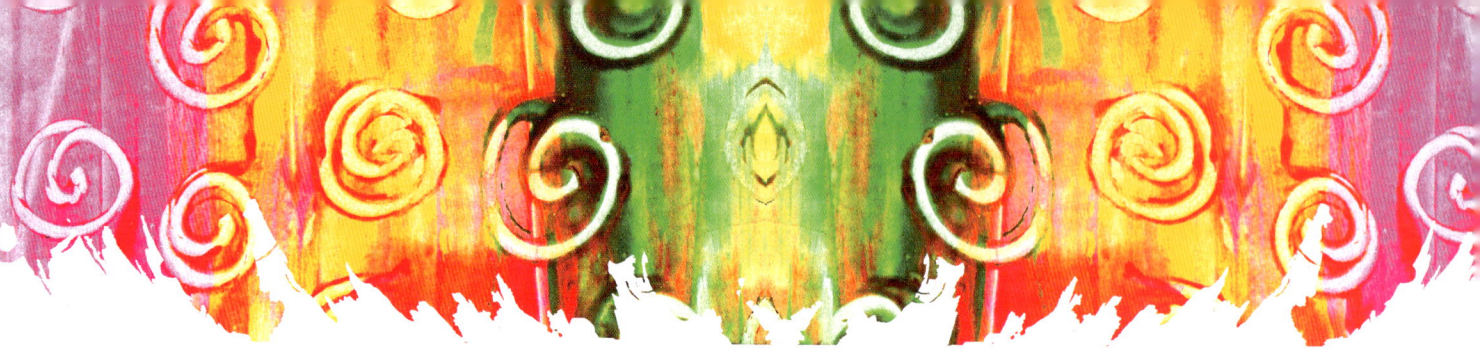

Contents

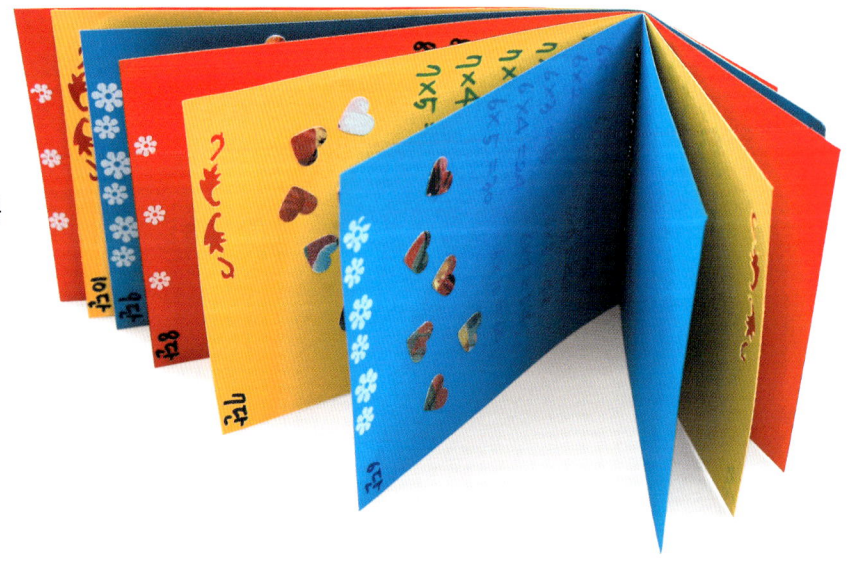

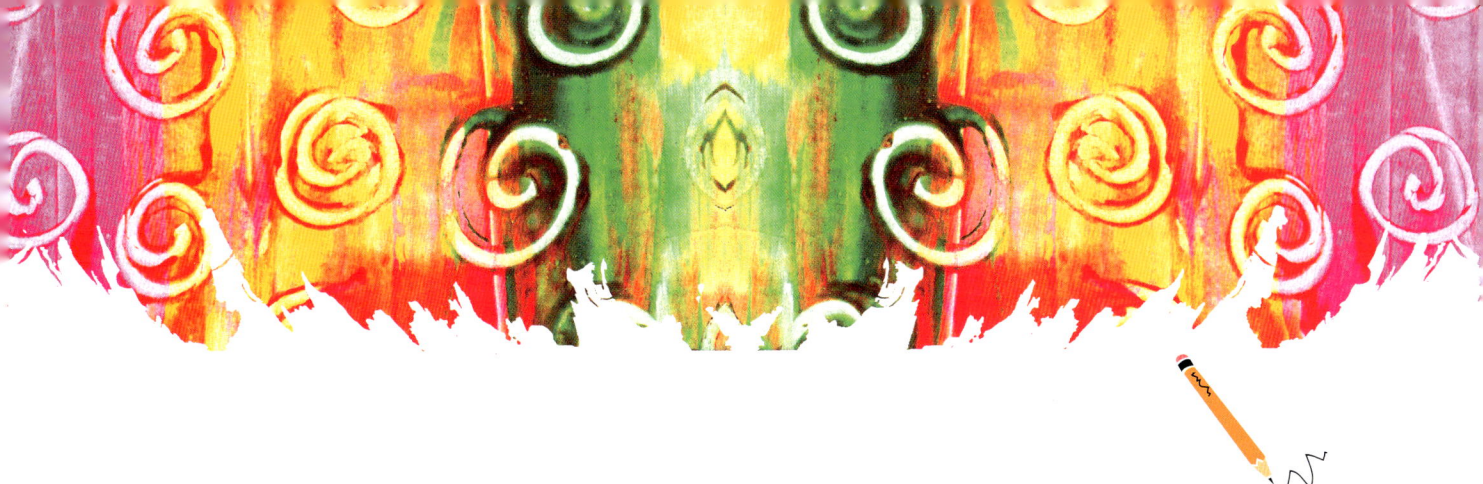

#03.북 + 아트

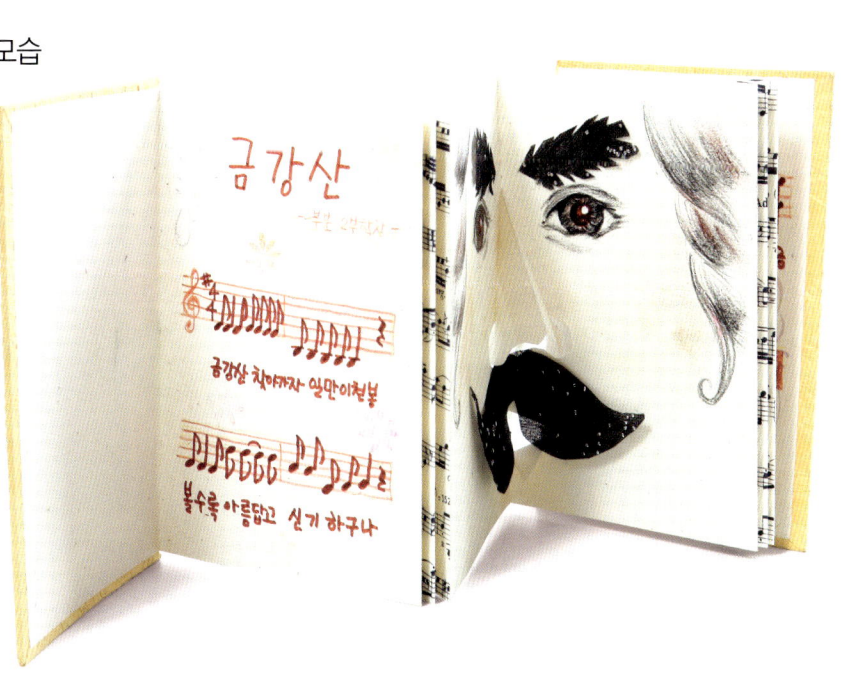

책 만들기를 통한 상상의 날개 접기

| 김 나 래

| 대한북아트협회 회장
| 북프레스 대표

〈어린이 북아트 2급〉에 이어 〈어린이 북아트 1급〉교재를 출간하게 되어 상당히 기쁘게 생각합니다.

북아트는 자라나는 어린이들에게 무한한 상상의 날개를 펼쳐 보이게 할 수 있습니다.

앞으로 북아트는 초등학교 방과후 교실, 미술반, 다양한 센터 및 도서관 등에서 북아트 교육의 확산으로 더욱 활발히 이루어질 것으로 예상합니다. 이 외에도 스토리텔링 북아트. 북아트 미술심리치료, 어린이 논술 북아트, 영어로 배우는 북아트 등 북아트와 다양한 학문과의 접목이 이루어지고 있어서, 앞으로 더욱 과속화될 것으로 예상됩니다.

어떻게 보면 이왕 배우는 거 한가지보다는 다양한 것을 선호하는 학부모와 교육 관계자 분들의 선호도에서 이루어진 결과입니다. 또한 독창적인 장르로서의 개발과 노력의 일환입니다.

이번 책을 저술하면서 저자로서 가장 중점적으로 생각한 점은 가장 기본에 충실하고, 현재 미국이나 유럽과 같은 북아트 선진국에서 이루어지고 있는 북아트를 한국에 소개하고 재응용 및 창조화 될 수 있도록 하는 데 중점을 두었습니다.

끝으로 이 교재가 출간되기까지 심혈을 기울이신 종이문화재단 노영혜 이사장님과 도서출판 종이나라 임직원 여러분께 감사의 말씀을 전합니다.

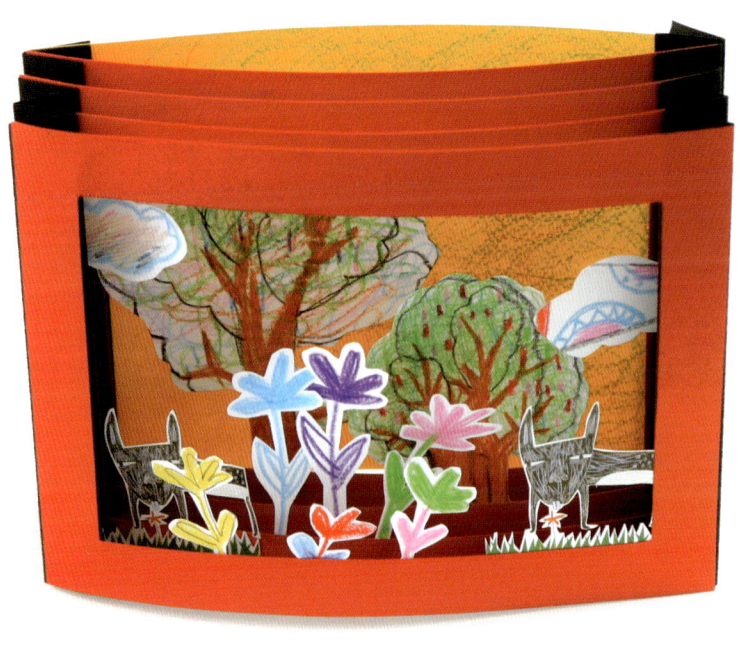

북아트 활동으로 통합예술 교육을 !!

이 준 서

재단법인 종이문화재단 평생교육원장
前 교육부 미술교과서 심의위원
한국미술교육연구회장

〈어린이 북아트 1급〉 교재가 2급 교재에 이어 고학년 단계용으로 도서출판 종이나라에서 출간되어 매우 기쁘게 생각합니다.

북아트 교육활동은 어린이들의 종합적이고 창의적인 사고력을 기르기에 알맞은 통합예술교육이며, 어린이들이 즐거워하는 가운데 나만의 책을 디자인하여 아름답게 꾸미는 교육활동인 것입니다. 따라서 이번에 발간된 〈어린이 북아트 1급〉 실기 교재 내용은 초등학교 고학년을 중심으로 한 활동에서 여러 주제를 여러 가지 방법으로 전개할 때 흥미롭게 사고의 폭을 넓히고, 창의성을 기르는 데 많은 도움이 될 것으로 생각됩니다.

무엇보다도 스스로 체험에서 인상깊게 느끼고 생각되었던 내용을 창의적으로 표현할 수 있다는 것은 학습을 자기 주도적으로 자신감 있게 해결하는 능력을 배양하는 학습 활동이라는 점에서 뜻이 있다고 하겠습니다. 그런 까닭에 교육 현장에서의 북아트 교육은 자신은 물론 학교와 사회에서 보고 느끼고 경험한 내용의 총체적 표현임과 동시에 교육 활동인 까닭에 수요사로 하여금 만족감을 갖게 할 것입니다. 아무쪼록 교재 활동을 통하여 미술 교과뿐만 아니라, 여러 교과에 이르기까지 창의적 사고력을 발휘할 수 있는 발전적인 계기가 되도록 교재를 집필해 주신 저자 김나래님과 출판해 주신 종이문화재단 노영혜 이사장님께 감사를 드리며, 더욱 효과적인 활용으로 어린이의 성장 발달에 큰 도움이 되었으면 합니다.

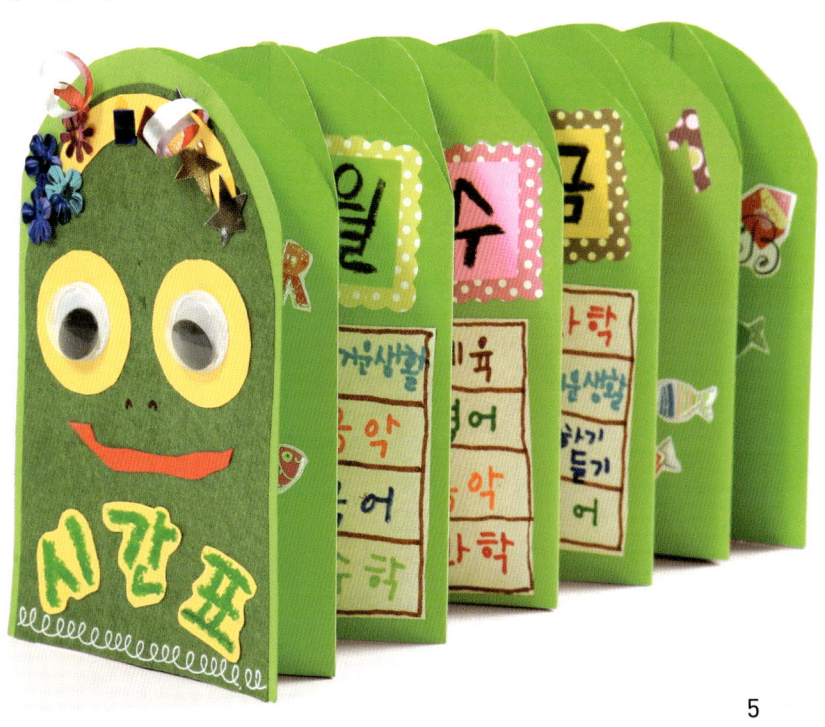

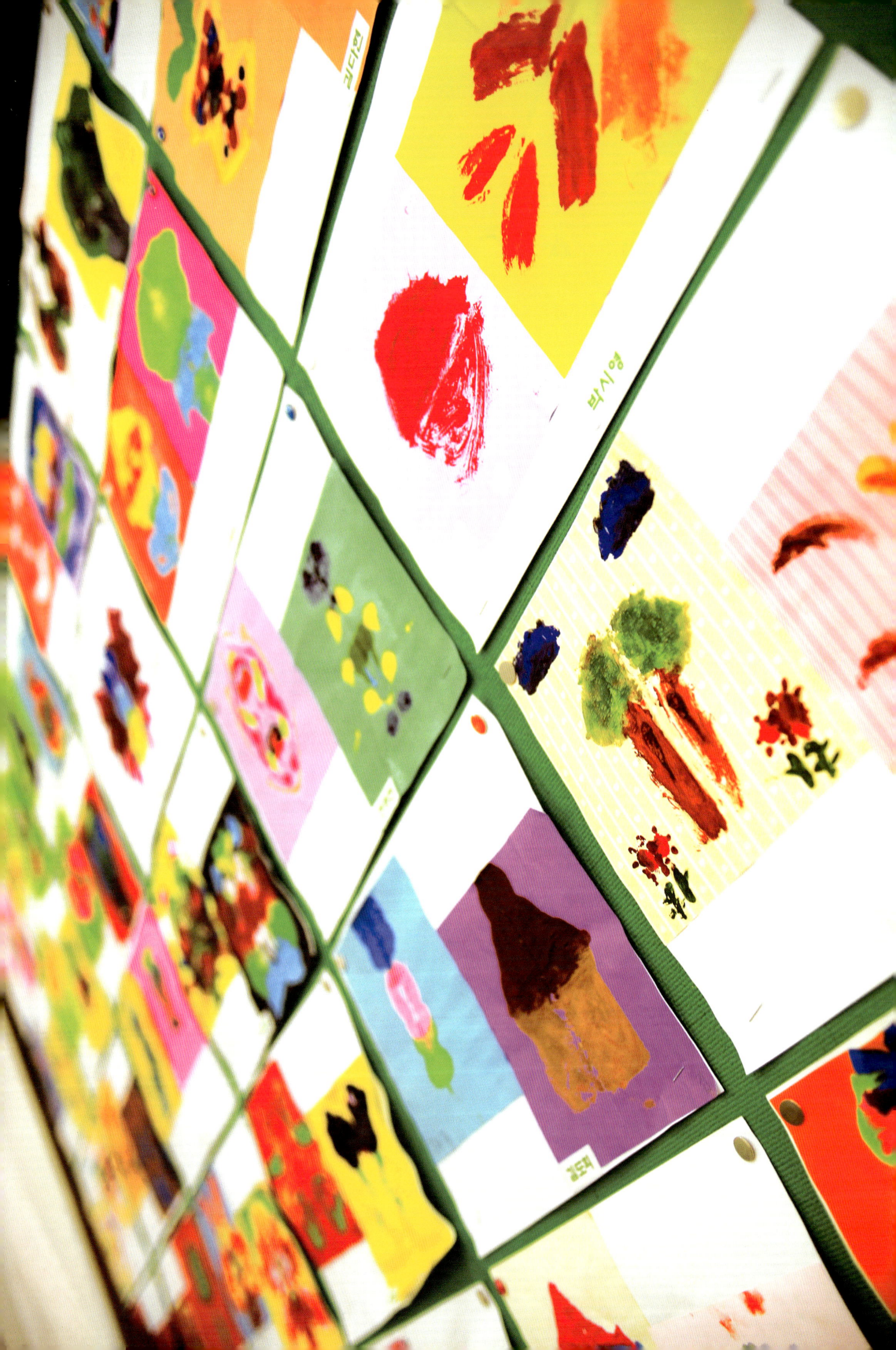

#01.
북아트 바로 알기

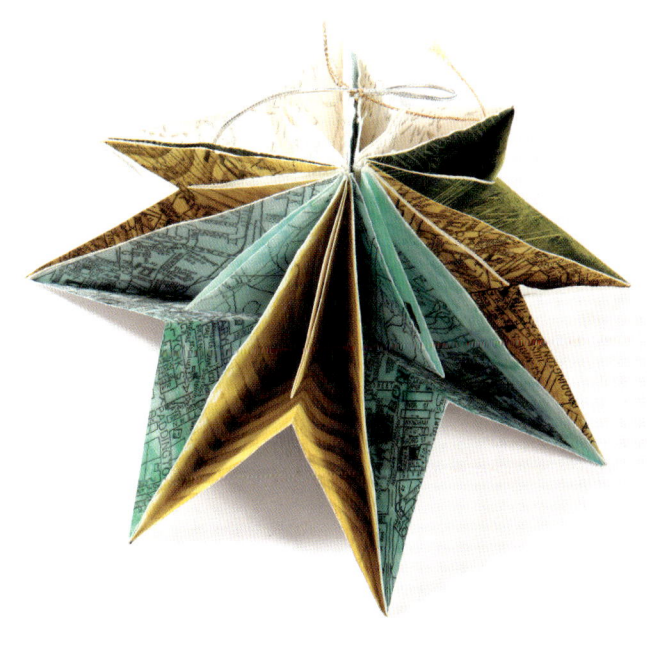

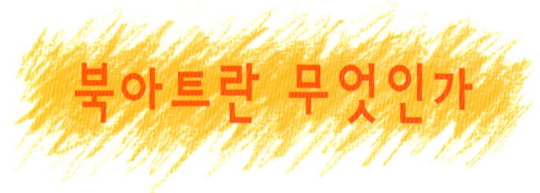

북아트란 무엇인가

1. 근래에 서울 세계 북아트 페어나 성남 국제 북아트 페어, 그 외 다양한 북아트 관련 행사를 통해서 어린이나 성인 북아트가 상당히 상승세인데요. 그 이유는 무엇일까요?

≫≫≫

만지고, 보고, 감상하는 책, 이것이 바로 북 아트의 매력이 아닐까 합니다.

일반 책들이 지식과 교양을 답습 받고 읽고 난 후 책꽂이에 꽂아 두는 반면에, 북 아트는 책이 아니라 나의 이야기와 기록 등을 적고, 직접 그림과 책 구조까지 만들어 가지고 다닐 수 있습니다.

또한 한 페이지, 한 페이지를 넘길 때마다 나오는 나의 이야기가 아이들에게는 책에 대한 친근감과 호기심을, 어른들에게는 지나간 추억과 책을 새롭게 바로 보는 시각이 형성되죠.

내지 또한 직접 폐지를 불려 종이죽으로 갈아서 만들 수도 있습니다.

2. 북아트 할 때 속지도 직접 만들어서 세상에서 하나 밖에 없는 책을 만들 수 있다면서요?

≫≫≫

종이에 녹차잎, 자스민차 잎 등을 넣어서 향기가 좋죠.

그래서 감상하고 그 향기를 음미하는 즐거움도 북아트에서는 빼놓을 수 없습니다.

아마 집에 책이 없는 집은 한 집도 없을 것이고, 항상 지니고 다니다 보니, 그것을 통해 작품으로 보여 주어도 전혀 거리감이 없이 친근하게 다가설 수 있다는 것이죠.

그리고 또 하나 좋은 점은 사람들에게 나도 만들 수 있다는 자신감을 심어 주었다는 것이죠.

조각이나 회화작품이라면 감상하고 좋은 감흥을 받았겠지만, 책이라는 소재다 보니 어린이에서 어른들까지 공감대를 형성하는 것이죠.

3. 외국에서는 언제부터 어린이 북아트 분야가 만들어졌나요?

≫≫≫

미국에서는 1985년 헤디 카일이 처음으로 어린이 북아트 분야의 교육을 시작하면서 이 분야가 만들어졌죠. 이전에는 1960년대 중반부터 성인 북아트 분야 밖에 없었는데 이와 같은 책 만들기가 아이들에게도 좋은 학습 효과가 나올 거라는 예상하에 이루어졌죠.

엉국에서는 1987년부터 맨체스터 컬리지에서 디자인과 교수님으로 그 당시 재직 중이셨던 폴 존슨 선생님이 어린이 북아트를 해 오고 계십니다.

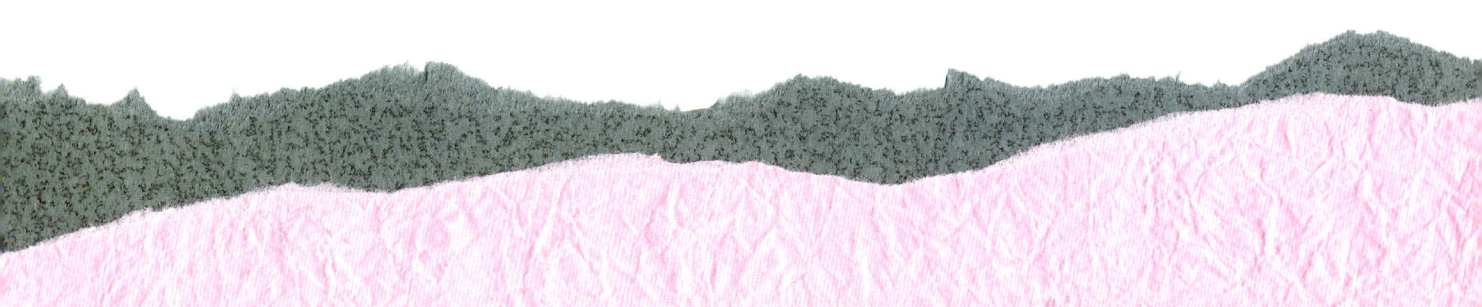

4. 우리 나라가 다른 나라에 비해 북아트가 빠른 시기에 상당히 발전되었는데 그 이유는 무엇인가요?

≫≫≫

우리 나라는 세계 최강의 인터넷 강국이다 보니 인터넷을 통해 원하는 자료를 쉽게 얻고, 정보 교류가 잘 이루어집니다.
그리고 외국에서는 어떤 북아트 강좌나 행사가 이루어지고 있는지 실시간 확인이 가능합니다.
그러다 보니 북아트 정보와 다양한 내용을 쉽게 알 수 있고, 교육쪽에 계시는 분들도 많은 활용이 가능하게 되었습니다.

5. 요즘 일반 출판물에도 간혹 북아트처럼 특이한 책들이 나온다고 하네요. 어떤가요?

≫≫≫

외국에서는 책 등에 형광등을 넣었다거나, 튜브 속에 들어간 책, 커버를 나무 소재로 씌운다든가 하는 다양한 재료를 사용해 책의
시선을 끌며, 책이란 친근한 벗이라는 인식을 심어 주고 있습니다.
제 작업도 종이책 대신 OHP 필름 소재를 이용해 내용을 넣는다거나, 텍스트가 전혀 없는 감상하는 책 등 색다른 재료와 책의 구
조를 선보였는데, 아마 앞으로 미래의 책의 모습들 중의 하나가 아닐까 생각합니다.

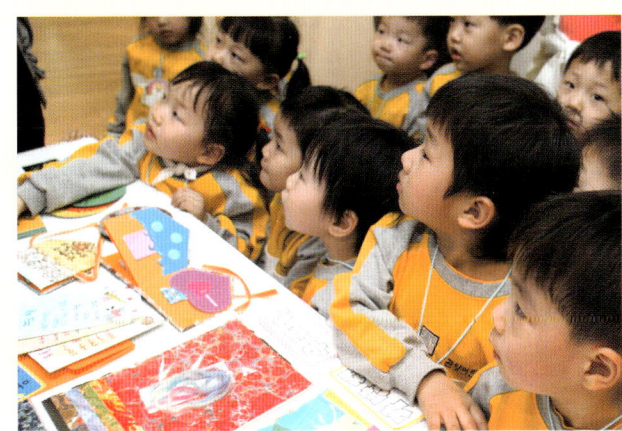 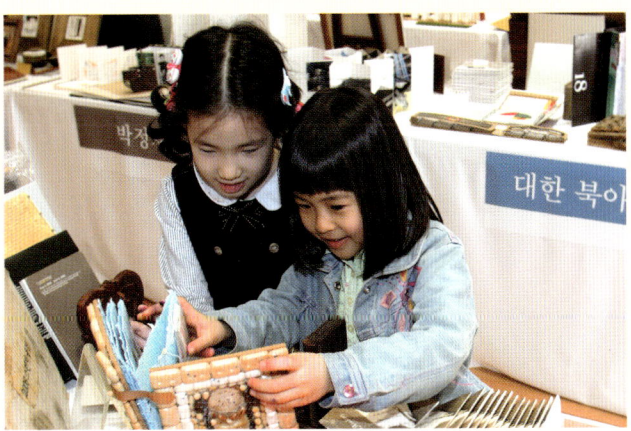

'2007 성남 국제 북아트 페어' 에서
북아트를 관람하는 어린이들

북아트의 기본 구조

책의 구조를 살펴보면, 기본 구조에는 모두 네 가지가 있다. 코덱스(Codex), 폴드(fold, 병풍스타일), 팬(fan,부채), 블라인드 (Blind) 등, 이 네 가지 스타일이 북아트 구조의 기본이 된다.

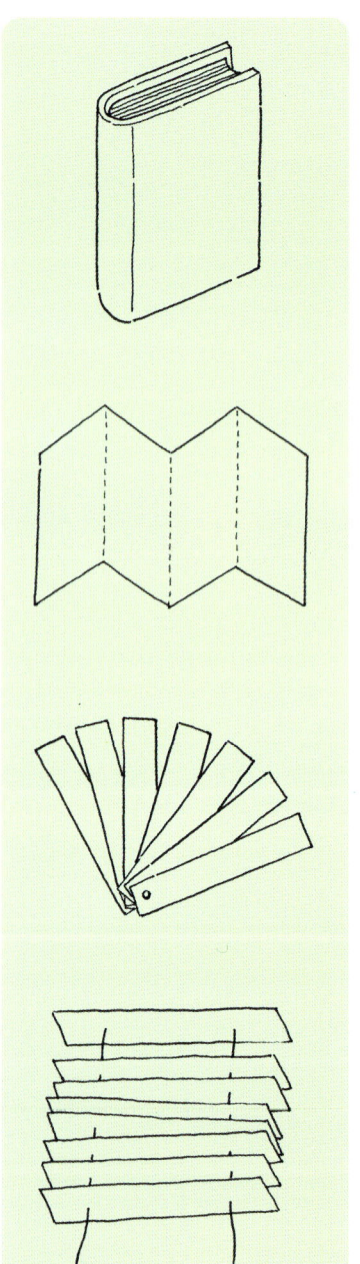

코덱스(codex)

BC 2세기 유럽의 기독교 전파와 더불어 쓰이기 시작한 코덱스가 현재에 이르기까지 쓰이고 있다고 할 수 있다.
현대에 와서는 대량생산체제에 들어서면서 예전의 인쇄된 종이를 한 묶음, 한 묶음씩 바인딩용 실을 이용해 꿰매는 수작업이 아닌 양장 바인딩 또는 무선 바인딩 등 기계화로 이루어졌다는 점 이 다르다.

폴더(folder)

폴드는 다른 말로 아코디언 스타일, 동양식 병풍 스타일, 컨서티나(concertina:아코디언과 비슷하게 생긴 악기)라고도 하는데 모두 같은 말이다. 폴드 방식은 접기에 용이하고, 내지를 그리 많이 필요로 하지 않는 북아트에서는 제격이고, 가장 많이 응용되는 구조이다. 내용의 연 결성(sequence), 즉 연속적인 이미지를 나타낼 때 한눈에 볼 수 있는 방식이다.

팬(fan, 부채)

팬은 부채라는 뜻으로 복합적인 바인딩으로 될 수 있다. 한 장으로 공통되게, 부채는 각 끝 에서 묶일 수 있다. 두 권은 분리될 수 있고, 비스듬하게 연관되거나, 페이지 한 쌍은 접평면 의 페이지를 가로질러 완성될 수 있다.

블라인드 (blind)

가정집의 창문을 보면 블라인드를 커튼 대신 사용하는 집들도 많이 있다. 블라인드 바인딩의 커버는 첫번째 블라인드 살이 커버가 된다. 그러나 팬(부채)과 블라인드 두 방식은 상당히 유 사한 구조를 가지고 있다. 왜냐하면 한 점에서 묶이면 그것은 부채이고, 두 곳에서 묶이면 블라인드가 되기 때문이다.

학년별 교과서에서 교과별 북아트 주제 찾기

1학년	바른생활_ 낱말카드(순서대로 맞추기), 애국가 즐거운 생활_ 흥부와 놀부(역할놀이) 말하기·듣기_ 기르고 싶은 애완동물, 수수께끼, 뒷말 잇기
2학년	즐거운 생활_ 꼴라주기법으로 물체 표현하기 슬기로운 생활_ 그림자놀이 책(양치기소년), 하루 일과 생활의 길잡이_ 우리 주변에서 사라져 가는 동식물, 여러 가지 표지판 수학_ 구구단
3학년	사회_ 옛날 쓰였던 물건, 여러 가지 탈, 전통축제 국어_ 한지공장(한지 만드는 순서), 여러 가지 나비 과학_ 다양한 잎 탁본 찍기 미술_ 여러 가지 사물 단순화시키기, 종이판화하기, 문자꾸미기(그림문자), 서예 도덕_ 글을 읽고 느낀 점과 내가 앞으로 어떻게 해야 하나, 우리가 지켜야 할 규칙들에 대한 것
4학년	사회_ 박물관 견학(철도, 인쇄박물관, 김치박물관 등) 국어_ 수수께끼, 연날리기 및 연의 명칭, 해령이의 책나무 과학_ 어미와 새끼(나비 과정), 내가 좋아하는 동물의 특징, 공룡들 미술_ 비슷한 색/반대색, 스탬프, 서예, 스크롤, 마크와 표지판, 미술품 감상 음악_ 강강수월래, 섬집아기 사회과 탐구_ 조상들의 명절놀이(그네뛰기, 강강수월래, 씨름), 박물관 견학 생활의 길잡이_ 우리 가족 가계보(가족관계), 우리의 자랑스런 문화유산
5학년	사회_ 다양한 직업, 조상들의 생활도구, 전통놀이 국어_ 장승의 종류 및 얼굴과 역사, 섬탐방, 청주고 인쇄, 박물관 과학_ 계절마다의 동물들의 특징, 관찰일지, 태양계 미술_ 명도와 채도, 과일 및 야채 단면 세밀화, 애니메이션기법 스크롤, 포장 디자인 음악_ 여러 가지 전통 악기(나발, 징, 태평소, 단소), 눈꽃 송이 사회과 탐구_ 조상들의 생활도구(벼루, 연적, 필통, 물래)
6학년	사회_ 가 보고 싶은 나라, 우리 나라의 문화 상징, 한국을 빛낸 사람들 국어_ 봄, 여름, 가을, 겨울(계절별 곤충) 미술_ 단순화하기, 색채 심리학, 아름다운 생활용품 음악_ 금강산, 음악감상을 듣고 그림으로 표현, 우리 나라의 악기조, 여러 나라의 극음악들 사회과 탐구_ 함께 살아가는 세계, 한국을 빛낸 사람들

북아트 글쓰기 교육

말을 하면서 자라난 아이들에게 글을 쓰게 하는 교육은 아이들을 가장 잘 자라나게 하는 귀한 교육이다. 사물을 있는 그대로 보고 삶을 정직하게 쓰는 글쓰기는 자연과 사회를 바로 알게 하여 자기를 키우고, 사람이 잘못하는 것을 일깨워서 함께 살아가게 하는, 더없이 소중한 배움의 길이다. 아이들의 글쓰기는 이런 삶을 가꾸는 귀한 것이다.

글쓰기의 종류

편지문
- 편지글은 다른 글과는 달리 짜임새가 있는 실용적인 것에 속한다.
- 받을 대상이 정해져 있기 때문에 글의 내용이 구체적일 수 있으며, 형식은 쓰는 내용에 따라 다양해질 수 있다.

생활문
- 생활하면서 자기가 보고 듣고 생각한 것, 경험한 것을 쓰는 글이다.
- 모든 글쓰기의 바탕이요, 뿌리라고 할 수 있다.

기행문
- 기행문은 여행을 하면서 보고 듣고 느낀 것을 기록한 글이다.
- 보고 듣고 겪은 모든 것이 글감이 되기 때문에 여행한 곳의 기후, 풍습, 자연 환경, 만났던 사람들, 그들의 삶 등이 자세하게 나타나 있다.

시
- 세상을 살아가는 가운데 마음 속에서 일어나는 감동을 운율이 있는 압축된 언어로 그려 보이는 글이다.

설명문
- 우리 주위에는 여러 가지 사실이나 현상을 다른 사람에게 알리기 위하여 쉽게 풀어 쓴 글이다.
- 어떤 것의 유래, 조직, 목적, 성질, 뜻, 원인, 결과, 사용법 등을 쉬운 말로 정확하고 객관적으로 쓴다.

기록문
- 글쓴이가 실제로 한 일, 본 일, 들은 일, 조사한 일, 연구한 일 등의 과정이나 결과를 그대로 정확하게 기록한 글이다.
- 여러 곳을 찾아가서 견문을 넓히고, 그것을 글로 쓰거나, 어떤 자연 현상이나 동식물 등을 세밀하게 관찰하고 조사한 다음, 그것을 순서에 따라 쓴 글이다.

북아트 글쓰기

01 ▶ 이야기 계획

- 좋은 이야기 계획

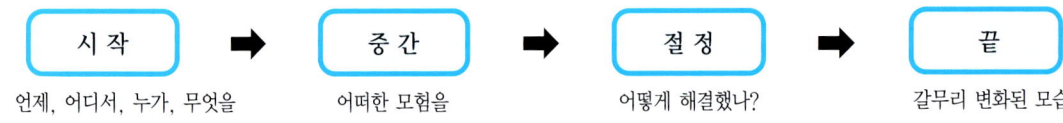

시 작		중 간		절 정		끝
언제, 어디서, 누가, 무엇을		어떠한 모험을		어떻게 해결했나?		갈무리 변화된 모습

예) … 흥부와 놀부

등장인물 … 나오는 사람, 동물 또는 사물 / 흥부, 흥부 부인, 놀부, 놀부 부인, 제비, 도깨비 등
배경 … 언제, 어디서(오감을 활용) / 옛날 옛날 어느 마을에…
문제 … 주인공이 해결할 문제 / 많은 식구들을 부양해야 하는 흥부
해결 … 주인공이 해결 능력을 발휘하도록 전개 / 다친 제비의 다리를 고쳐 준다.

02 ▶ 그림 그리기

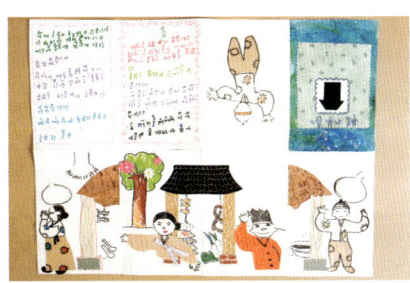

- **쪽수 결정**
  표지를 제외하고 6면
- **그려질 그림의 갯수**
  표지와 1~4면에 흥부놀부의 그림을 그린다.
- **그려질 그림의 분위기나 느낌**
  꼴라주 형식의 그림과 종이, 천 등을 이용하여 제작한다.
- **표현 방법**
  색연필, 싸인펜, 색종이, 천 등

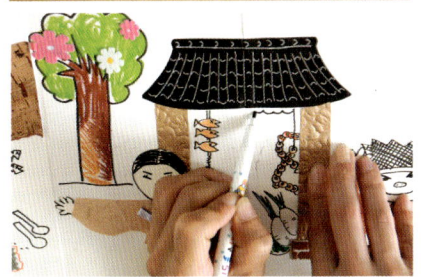

- **스토리 보드 작성 계획 / 글의 배치 – 그림배치 – 쪽수**
  표지를 제외하고 1~4면은 흥부 이야기의 그림을 그리고,
  5,6면은 흥부와 놀부의 줄거리를 요약한다.

03 ▶ 편집

- 논리성
- 문장의 끝마침 부호
- 형식, 의문 부호, 맞춤법
- 단락의 명확함
- 교정 부호 사용

예) … 옛날 옛날에 흥부와 놀부가 살았습니다. 흥부는 마음씨가 고왔으나 아주 가난하였고, 놀부는 심성이 아주 못되었으나 부자였습니다.
어느 날 흥부집 앞에 다리가 부러진 제비 한 마리가 있어 흥부가 간호해 주었습니다.……

04 ▶ 제본

- 책의 제목
- 표지 그림
- 작가 이름/일러스트레이터 이름
- 출판사의 이름

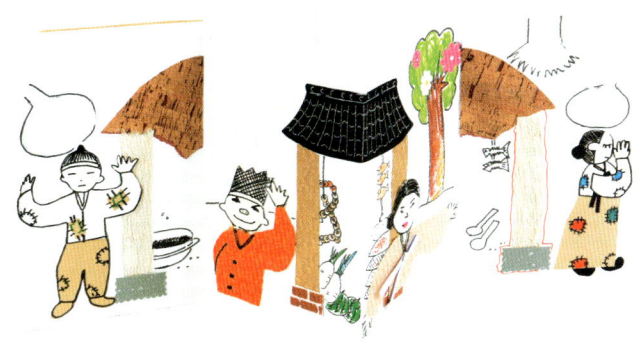

재료 소개

기본 재료

재료 소개

본 폴더
플라스틱 자
연필
칼
실
종이나라 만능본드
송곳
종이나라 풀
가위
지우개

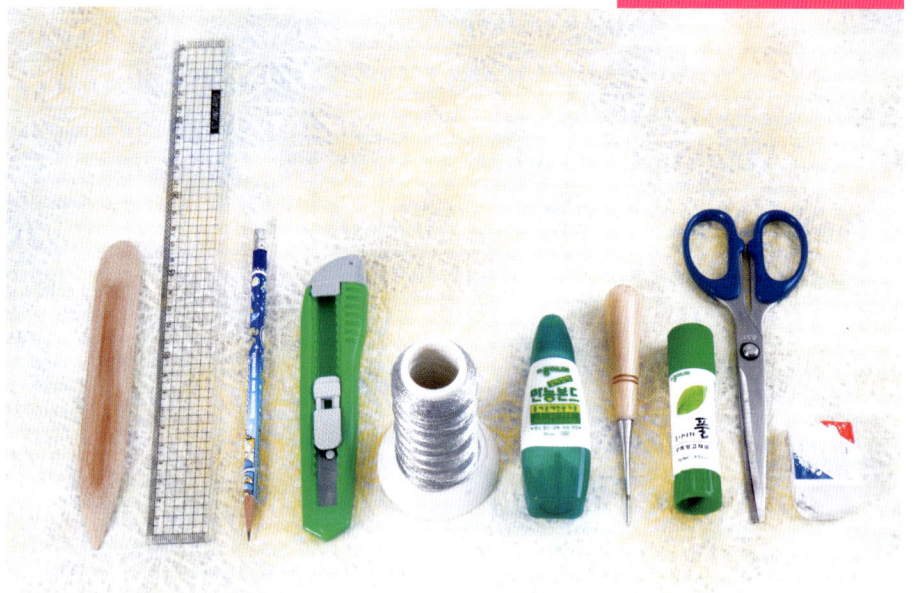

본 폴더_ 본 폴더는 종이를 접을 때 사용하는 도구로 국내에서는 저렴한 대나무나 플라스틱 폴더가 많이 애용된다.

플라스틱 자_ 눈금이 정확히 보여야 칼을 대고 그을 때 편리하다. 주로 50cm 눈금자를 많이 사용한다.

연필_ 정확한 길이를 재거나 표시할 때 필요하다. 심이 부러지기 쉬우므로 샤프보다는 연필을 뾰족하게 깎아서 사용함.

칼_ 칼은 칼날이 예리한 것이 좋지만, 칼에 너무 힘을 주면 다칠 염려가 있어 위험하니 주의하고, 칼날은 길게 빼지 말것.

실_ 실은 바인딩용 실이 있지만, 끊어지지 않고 튼튼하다면 여러 가지 집에 있는 예쁜 실이나 털실 등을 이용해도 좋다.

종이나라 만능본드_ 풀로 잘 붙여지지 않는 구슬 등을 책에 붙일 때 용이하게 사용되고, 두 가지 나오는 구멍이 있음.

송곳_ 실이나 리본을 책에 연결할 때 구멍을 뚫는 역할을 하며, 송곳을 이용할 때는 손을 다치지 않게 조심해서 사용한다.

풀_ 종이를 붙일 때는 물풀보다는 고체풀을 쓰고, 천·가죽·하드보드는 목공용 접착제가 적당하다.

가위_ 종이를 오릴 때 유용하게 쓰여지며, 모양이 있는 핑킹가위도 이용하면 더욱 멋진 책을 만들 수 있다.

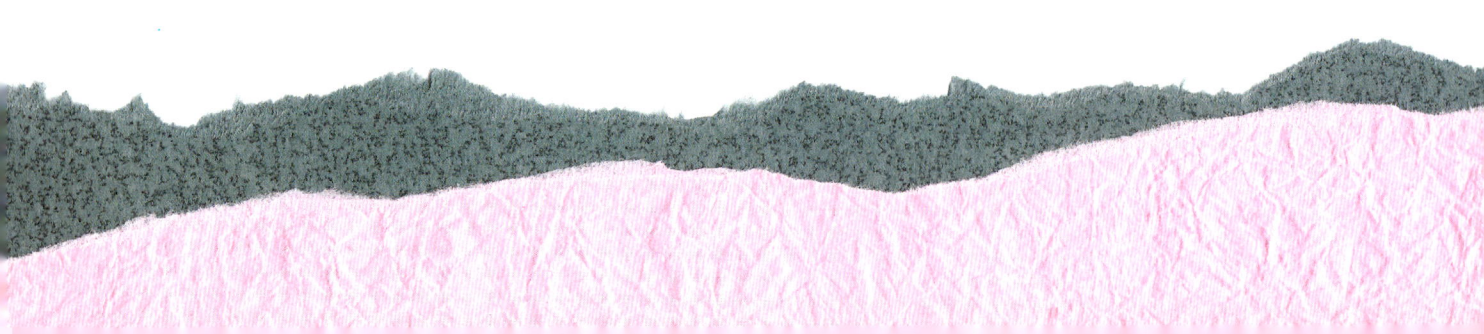

장식 재료

재료 소개

반짝이 큐빅
종이인형
꽃모양 종이
다양한 구슬
리본
스티커
포장지
모양이 있는 펀치
스템프
할핀 등

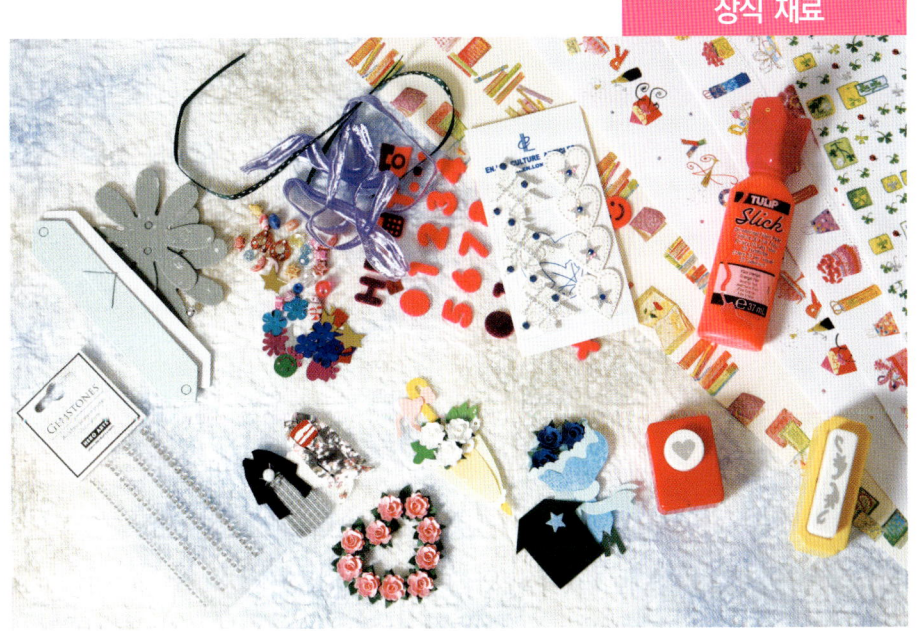

반짝이 큐빅_ 악세사리에 박혀 있는 큐빅을 이용하여 고급스러운 책 만들기를 할 수 있다.

종이인형_ 직접 만들기 어려운 아이들은 이미 만들어진 종이인형을 이용하면 편리하다.

꽃모양 종이_ 북아트 장식으로 종이 를 이용하여 꽃 모양을 만들어 책에 장식한다.

다양한 구슬_ 책을 장식할 때 편리하게 이용될 수 있으며, 팬시점에서 쉽게 구입할 수 있다.

리본_ 리본은 책의 표지나 블라인드책을 만들 때 많이 사용되고, 책 만들기 할 때 많이 이용된다.

스티커_ 간편하게 사용할 수 있는 스티커는 구입도 쉬우며, 내가 좋아하는 그림들을 사용할 수 있디.

포장지_ 많은 종이만큼 다양한 작품을 만들어 낼 수 있도록 포장지를 잘 이용하여 멋진 책을 만든다.

할핀_ 할핀은 리본이나 풀을 대신하여 사용하여도 되며, 많은 응용 방법이 있다.

#02.
어린이 북아트 1급
기본구조

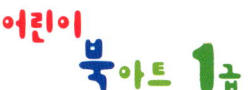

어린이 북아트 1급
교육 계획표

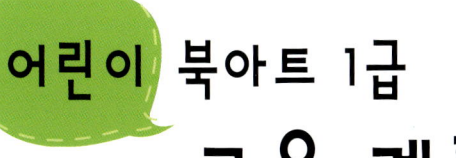

성명 | 생년월일 |

구분(주제별)	월	일	학습내용	구 조	이수 확인
1			구구단	계단 북	
2			갯벌이 좋아요	할핀 북	
3			시간표	폴드폴드 끼우기	
4			금강산(노래)	6면 아코디언 북	
5			수수께끼	오리가미 북	
6			명화 감상	삼각접지 북	
7			여러 가지 나뭇잎 탁본하기	3단 깃발	
8			태양가족 – 수성, 금성, 목성 등	논 방식 – 포스터 접지	
9			나와 동생의 옷장	프랑스문 방식	
10			12동물(12지)	멀티 북 방식	
11			행복한 우리 집	터널 방식	
12			천연기념물	피아노 북	

「어린이 북아트 1급」 실기학습 교육 교재 및 재료는 「서울핸즈」에서 구입할 수 있습니다.
전화 : (02)2264-4252   홈페이지 : www. seoulhands.com

01 | 계단 북

Making books for Children

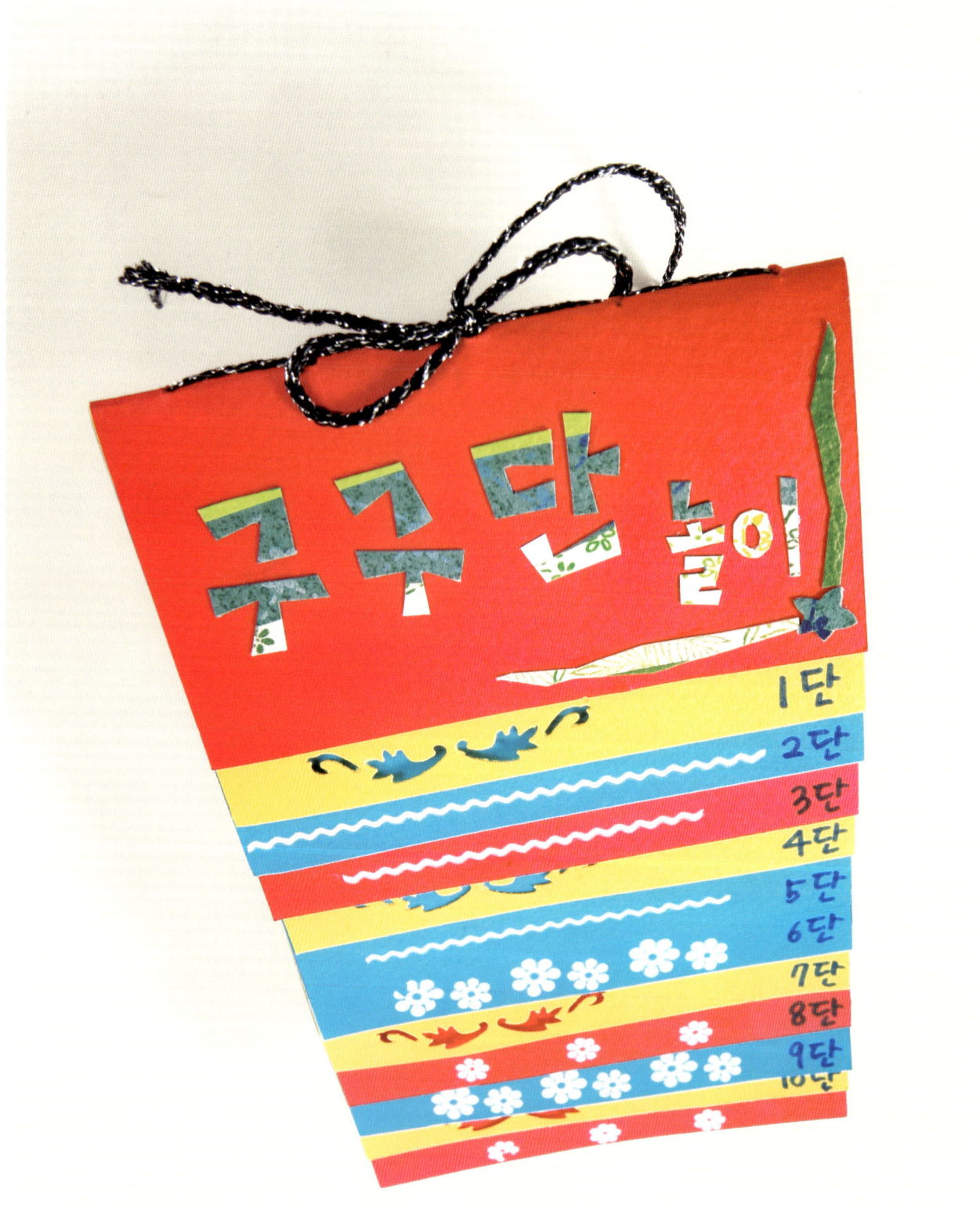

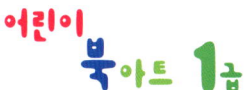

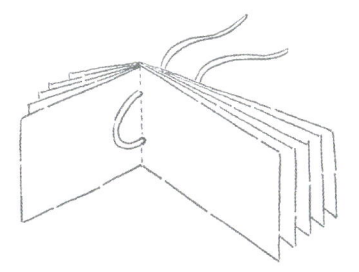

기본구조	• **계단 북_** 이 책은 간단한 노트의 전 페이지를 입체적으로 볼 수 있는 방식이며, 3홀 방식으로 응용이다.
주 제	• 구구단
준 비 물	고체풀, 가위, 자, 끈, 색도화지(10cm × 24cm) 6개, 색종이, 사인펜, 파스텔 등
관련 및 도움말	• **구구단 책_** 구구단을 외우기도 어렵지만 반드시 외워야 되는 과제이다. 이 숙제를 쉽게 가지고 다니면서 할 수 있게 책으로 만드는 것도 좋은 방법이다. 구구단은 2학년 수업이므로 학년이 올라가면서 그 학년에 맞는 수학 공식 등을 이용하면 좋을 듯하다. • **혜령이의 책 나무_** 읽은 책들을 정리하는 의미에서 만들 수 있는 책. 책의 제목, 지은이, 읽은 날짜와 간단한 내용을 각 페이지에 적는다.
활동목표	• 구구단이나 어려운 수학공식 또는 영어단어를 효과적으로 넣어 계단북을 꾸밀 수 있다. • 가지고 다닐 수 있는 단어장처럼 가지고 다닐 수 있는 간단한 책을 만들 수 있다.
난 이 도	상 **중** 하
지도방법	1 책으로 만들 구구단 또는 영어단어를 정한다. 2 다양한 색깔의 색상지를 이용하여 계단 북을 만든다. 3 페이지마다 다양한 색깔의 싸인펜을 이용해 내용을 넣는다. 4 장식을 한 후 서로 만들 것을 비교하도록 한다.
제작시 유의사항	• 수잔 게이로드가 국내에서 워크샵을 통해 알려진 이 채 방식은 같은 사이즈의 종이를 잘라 1cm씩 간격을 넓혀 바인딩하는 방식으로 종이의 사이즈를 다양하게 해서 책 만들기를 해 본다. 종이를 둥근 원 모양으로 잘라 만들어도 재미있다. • 종이의 간격을 1cm씩 맞출 때에는 그냥 두면 움직일 수 있으니, 문구용 집게로 고정시켜 놓고 바인딩한다.
평가관점	1 페이지와 페이지의 간격이 잘 맞는지 확인한다. 2 전달 내용이 명확한지, 3홀 방식은 잘 맞았는지 확인한다.
참고자료	• **동물원 ZOO (사진)**

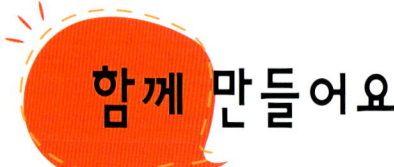 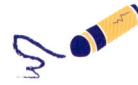

함께 만들어요

1.

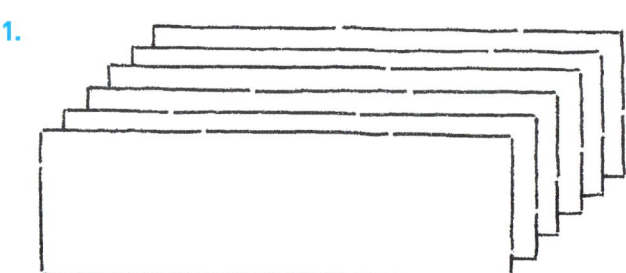

▶▶ 종이를 준비할 때에는 다양한 색깔의 종이를
준비하는 것이 좋다.

2.

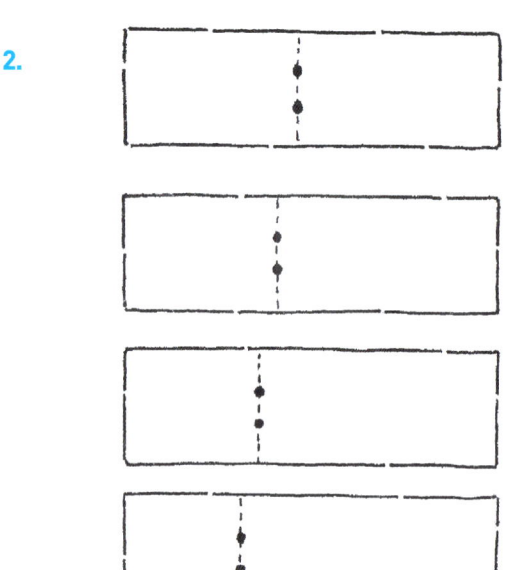

3.

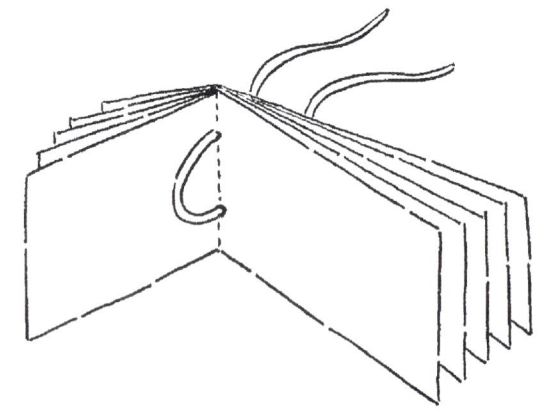

⬆ 끈으로 묶을 때에는 3홀, 4홀, 5홀 등 다양
한 홀 방식을 사용하는 것도 좋다.

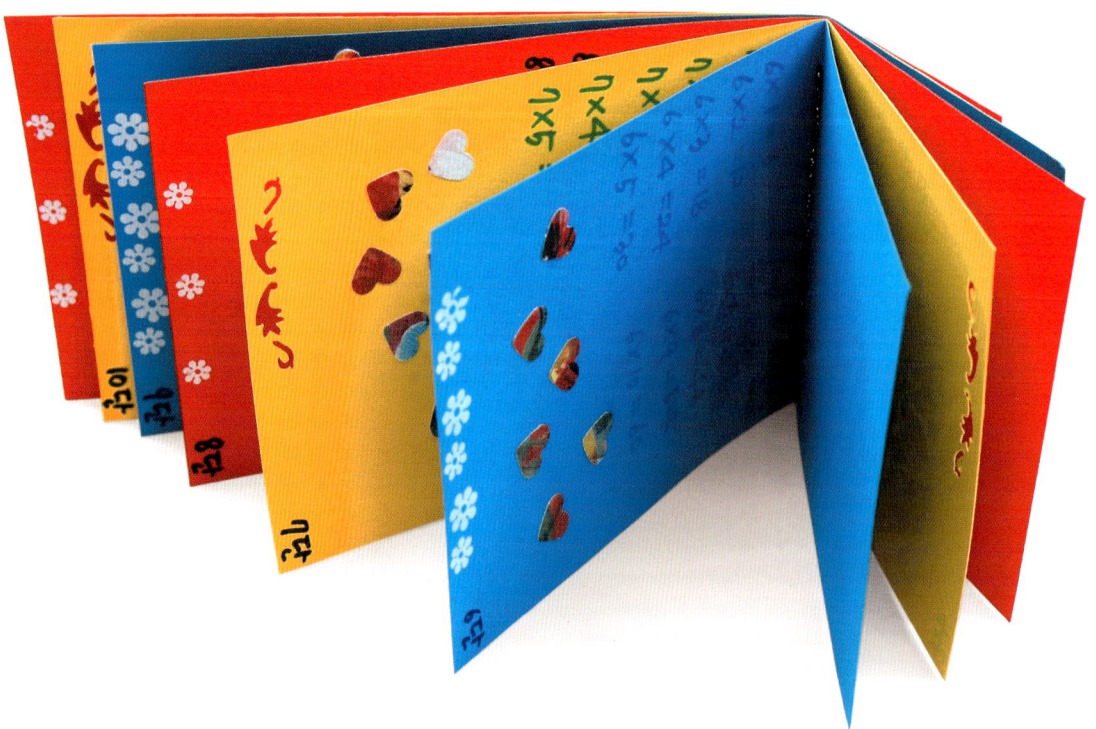

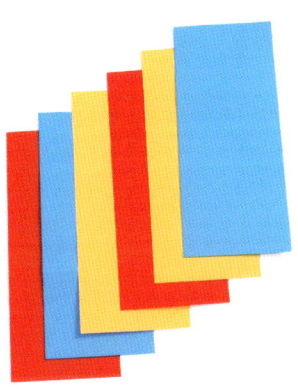

1. 길이가 같은 종이를 여러 장 준비한다.

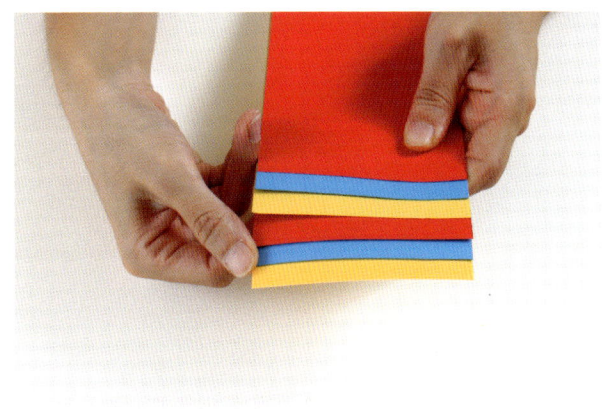

2. 끝이 조금씩 보이도록 잡아준다.

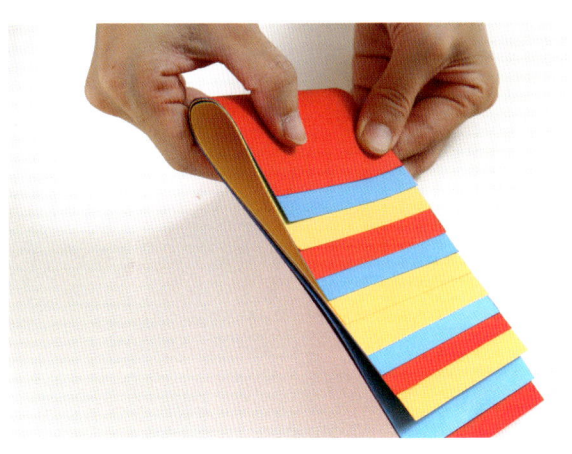

3. 그림과 같이 단계가 잘 보이도록 접는다.

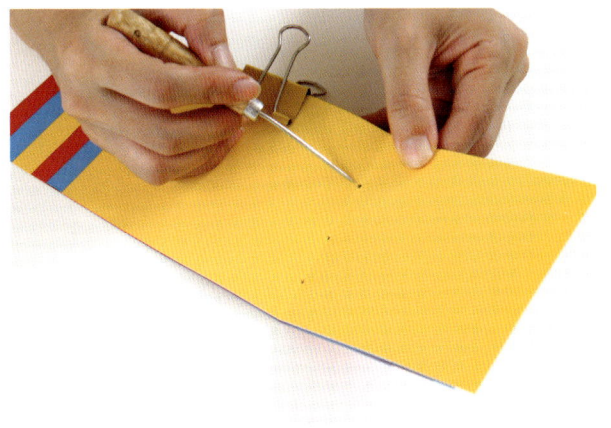

4. 접은 곳에 송곳으로 3개의 구멍을 뚫어 준다.

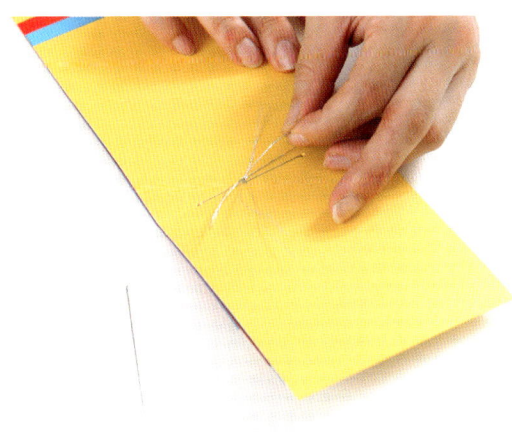

5. 3홀 방식으로 묶어 준다.

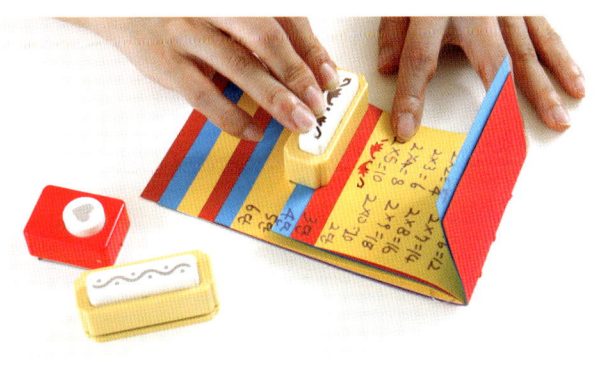

6. 예쁜 모양의 펀치나 스티커를 붙여 주면 완성된다.

응용해 보세요

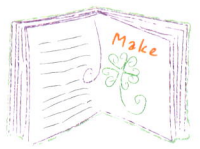

X - MAS

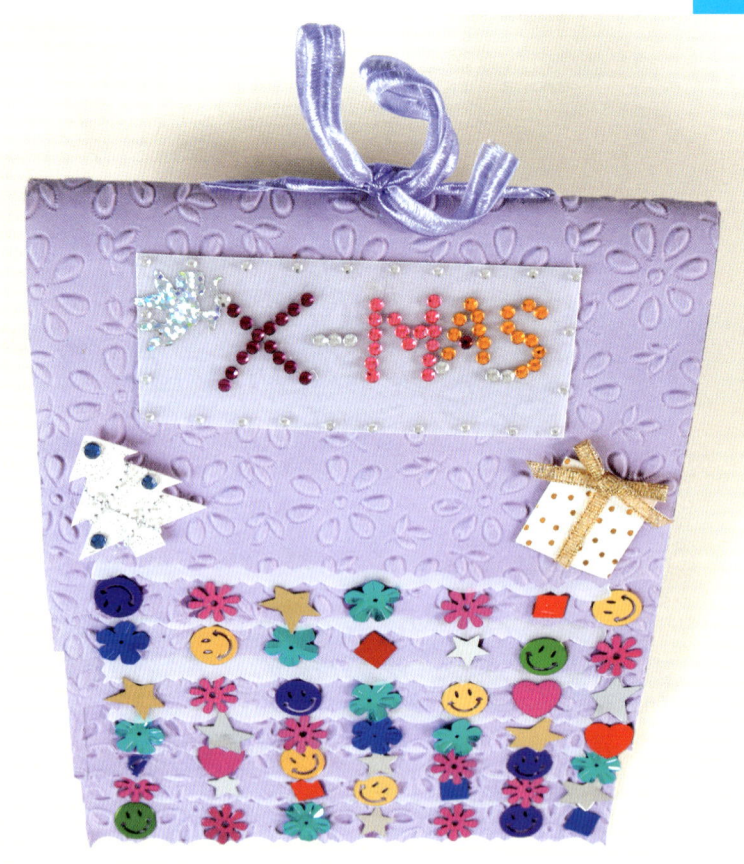

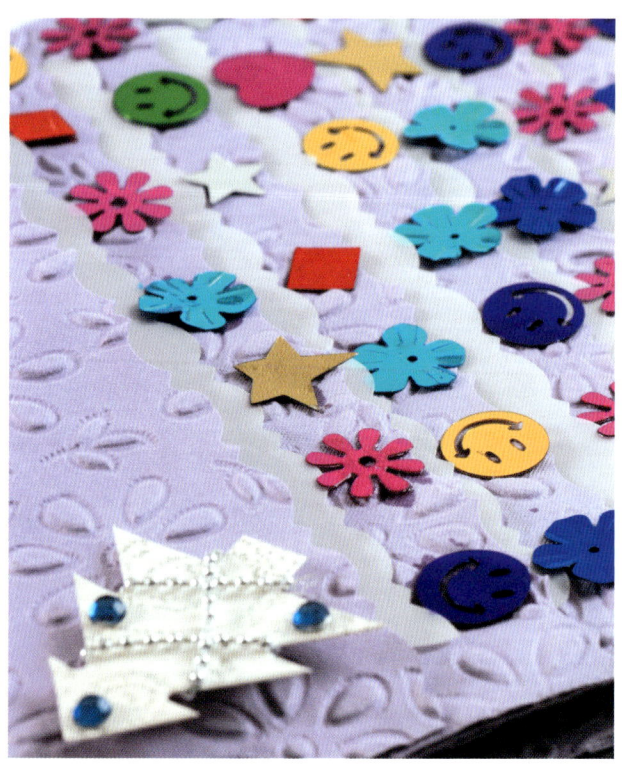

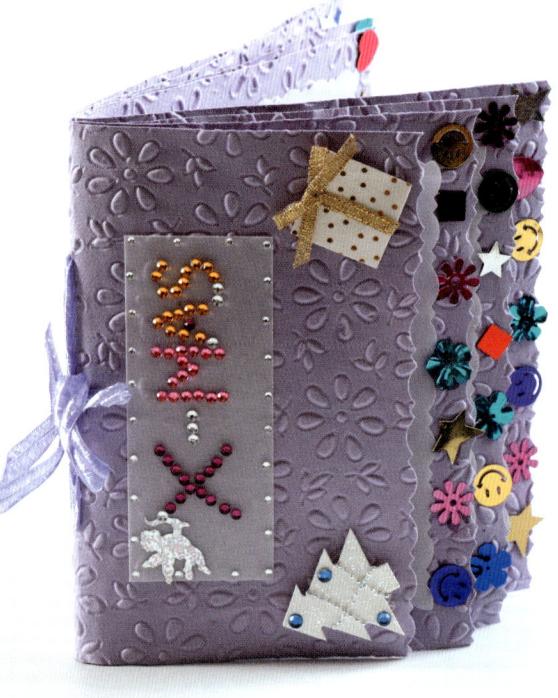

마블링

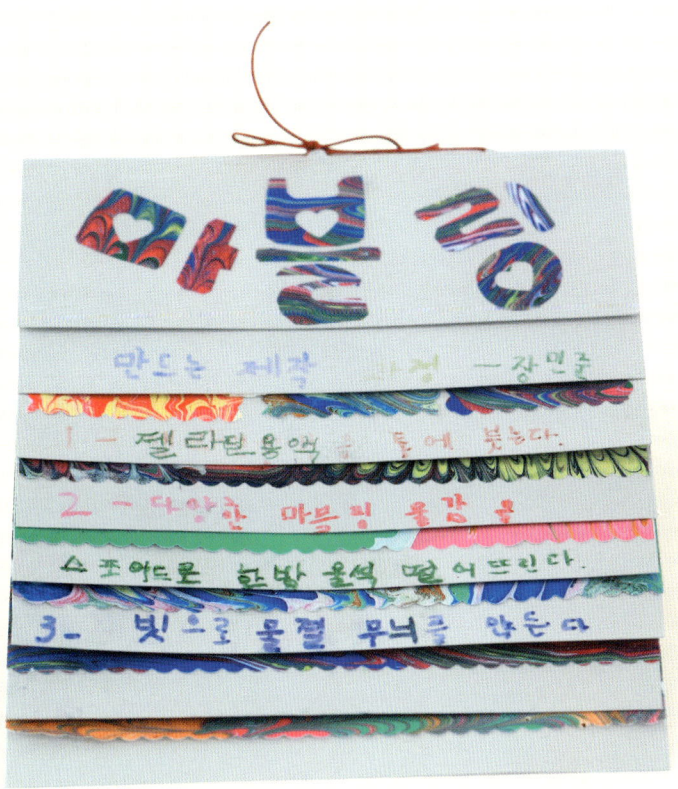

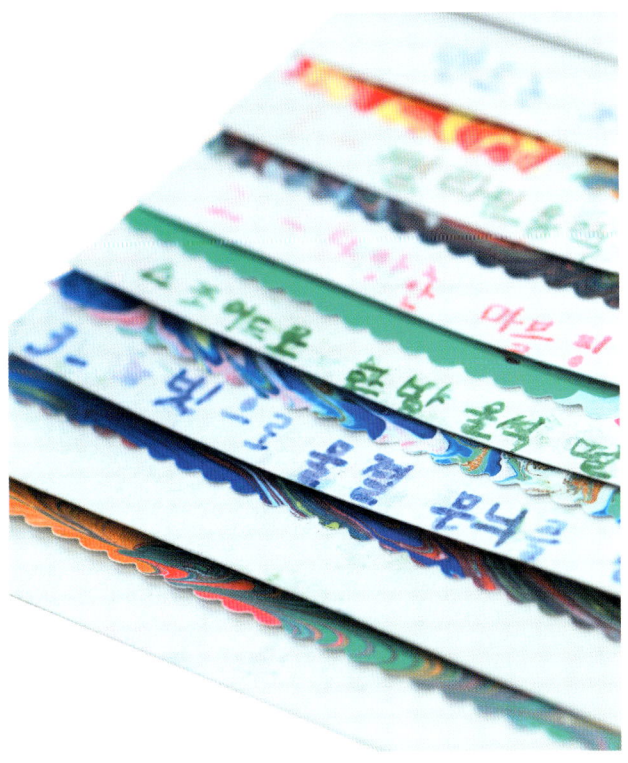 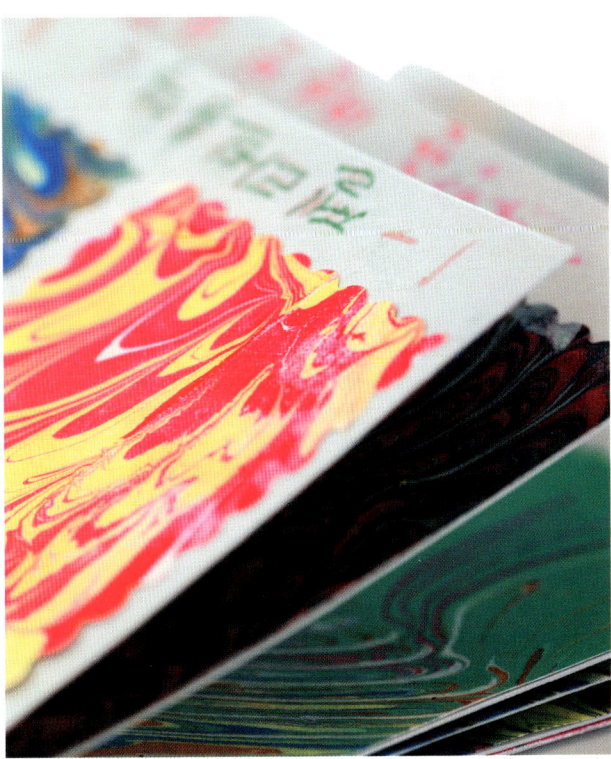

02 | 할핀 북

Making books for Children

갯벌이 좋아요

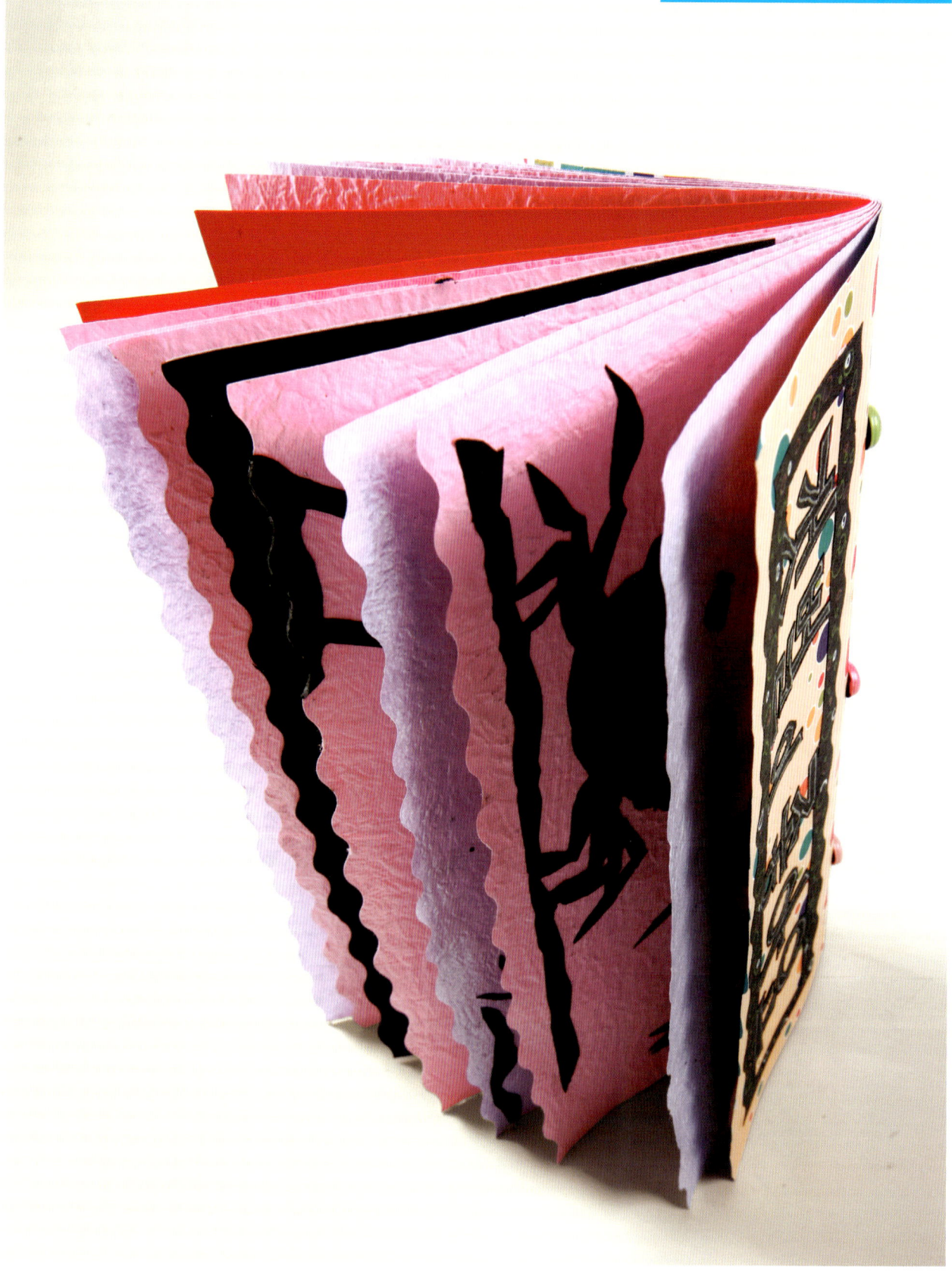

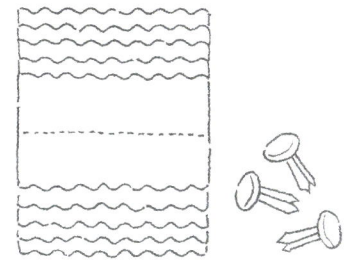

기본구조	• **할핀 북**_ 할핀은 작은 침이 V자로 구부려져 종이를 고정시킬 수 있는 문구용품이다. 클립과 같은 기능으로 이 할핀을 이용하여, 다양하고 재미있는 노트 만들기가 가능하다.
주 제	• 갯벌이 좋아요
준 비 물	고체풀, 가위, 핑킹가위, 자, 할핀, 색도화지(26㎝×19.5㎝) 9개, 포장지, 리본, 싸인펜, 색연필, 장식구 등
관련 및 도움말	• **갯벌이 좋아요**_ 우리 나라에는 다양한 지역에 갯벌이 있다. 갯벌이란 모래나 점토의 미세입자가 파도가 잔잔한 해역에 오랫동안 쌓여 생기는 평탄한 지형을 말한다. 우리 나라는 총 갯벌 면적의 83%가 서해안 지역에 분포하는데 갯벌에 사는 여러 가지 조류, 어류 등을 조사해서 책으로 만든다. • **다양한 색**_ 비슷한 색, 반대색, 무채색, 유채색 등 다양한 색에 대한 조사를 각자 하여 발표하고, 책 만들기를 한다. 이 수업은 학년마다 다른 색의 기능 및 특성들을 조사할 수 있다.
활동목표	• 서해안에는 어느 갯벌이 있는지 지도를 보면서 표시할 수 있다. • 갯벌의 특성과 어떤 것들이 서식하는지 설명할 수 있다.
난 이 도	상 **중** 하
지도방법	1 갯벌에 서식하는 생물들을 알아본다.(동화책을 참고해도 좋다) 2 할핀북을 만들 때 책의 내지 사이즈를 조금씩 다르게 한다. 3 검은 종이에 은색 펜으로 서식하는 조개나 게 등을 밑그림으로 그린다. 4 오린 후 위치를 정해 붙여 준다.
제작시 유의사항	• 핀은 길이가 다양하고, 하트, 네모, 세모 등 다양한 모양이 있어서 책의 두께나 내용에 따라 다양하게 선택이 가능하다. • 낱장의 종이를 접지 않고 코너 부분에 구멍을 뚫어 할핀만 꽂아 주어도 훌륭한 단어장이 완성된다.
평가관점	1 할핀북은 내용의 완성도와 페이지와 페이지간의 연결성이 잘 되었는지 확인한다.
참고자료	• **갯벌에 뭐가 사나 볼래요 (이원우 그림)** • **독도는 우리땅 (그리미 지음, 자음과 모음)**_ 세종실록지리지와 삼국사지 등 우리 나라 고전을 통해 독도의 역사와 자연, 기호와 독도를 지킨 사람들까지 소개한 학습만화책

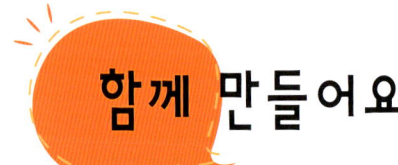

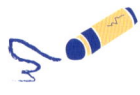

1.

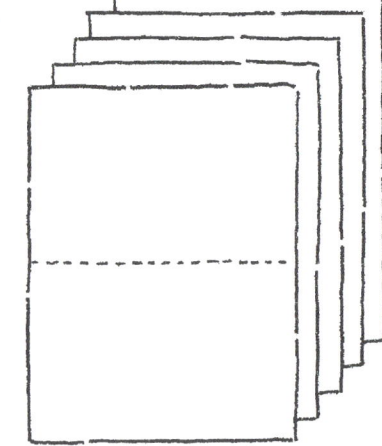

2.

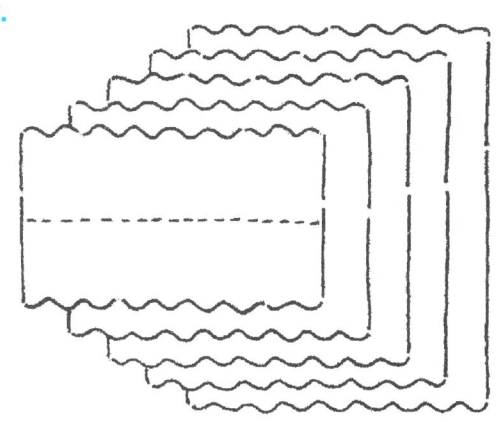

🔺 종이의 크기는 커버를 가장 작게 단계가
보이도록 잘라준다.

3.

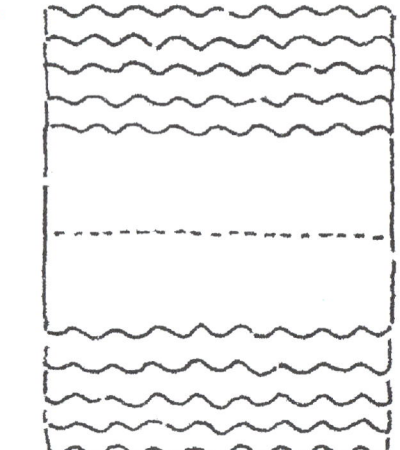

⏩ 가운데를 중심으로 원하는 만큼 할핀을 고정시켜 준다.

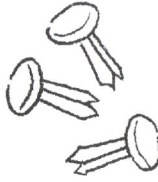

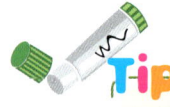**Tip**

계단북과 같이 종이의 단계가 보이지만, 종이 크
기가 같은 계단북과 달리 여기에서는 종이의 크기
를 다르게 하는 것이 중요하다.

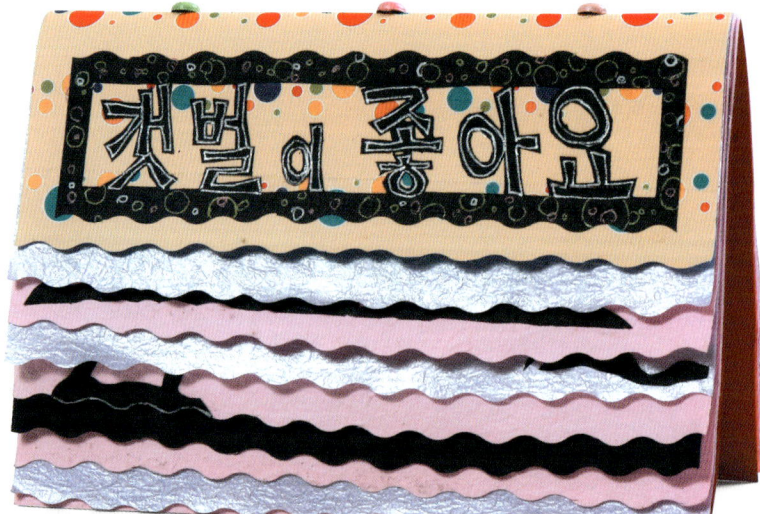

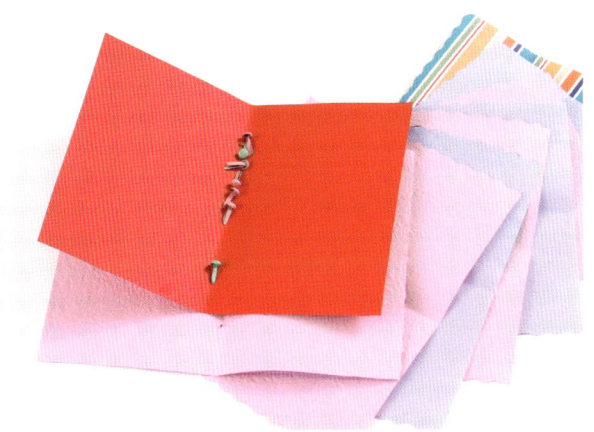

1. 할핀과 여러 장의 색지를 준비한다.

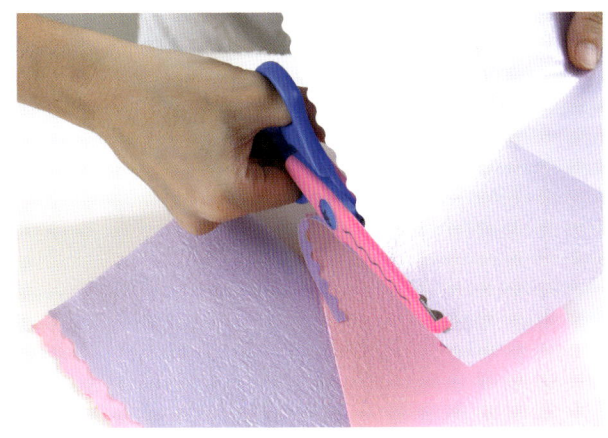

2. 색지의 끝을 핑킹 가위로 오려 준다.

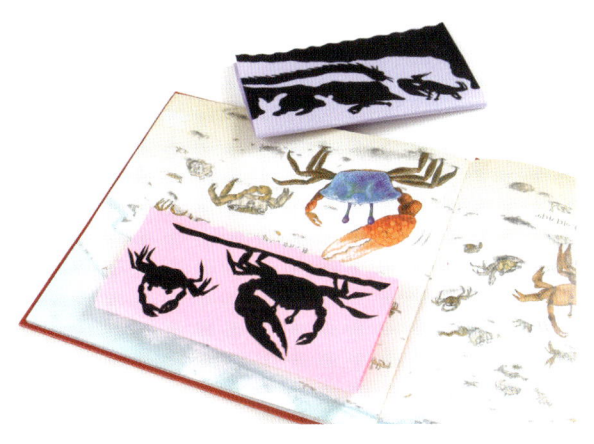

3. 책을 꾸며 줄 이미지를 준비해 둔다.

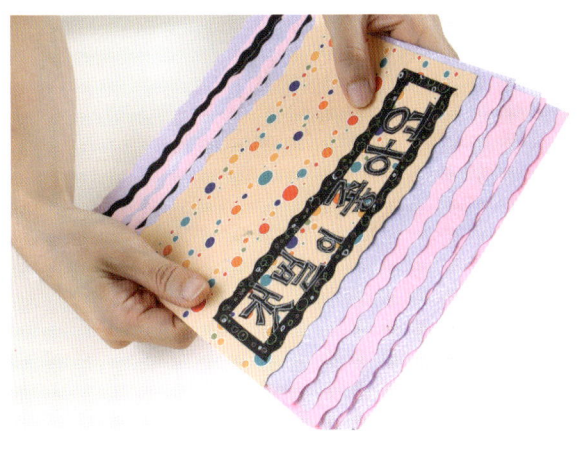

4. 계단북과 같이 단계가 보이도록 그림과 같이 준비한다.

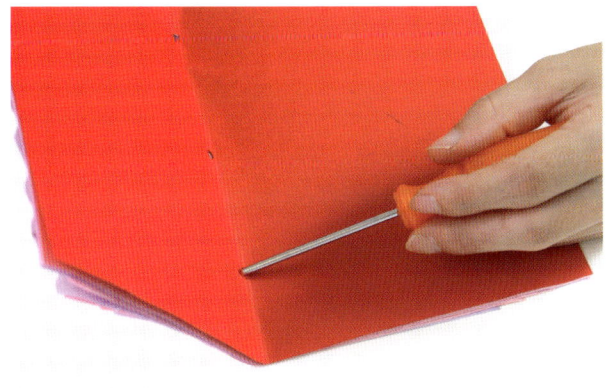

5. 3개의 구멍을 뚫을 위치를 지정하고, 송곳으로 조심
   스럽게 구멍을 뚫어 준다.

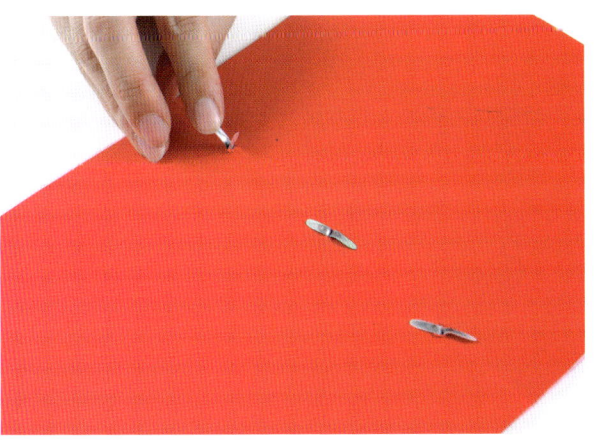

6. 3개의 구멍을 할핀으로 고정시키면 완성된다.

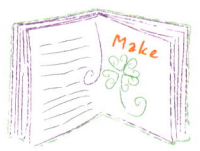

응용해 보세요

밥 먹기 싫어

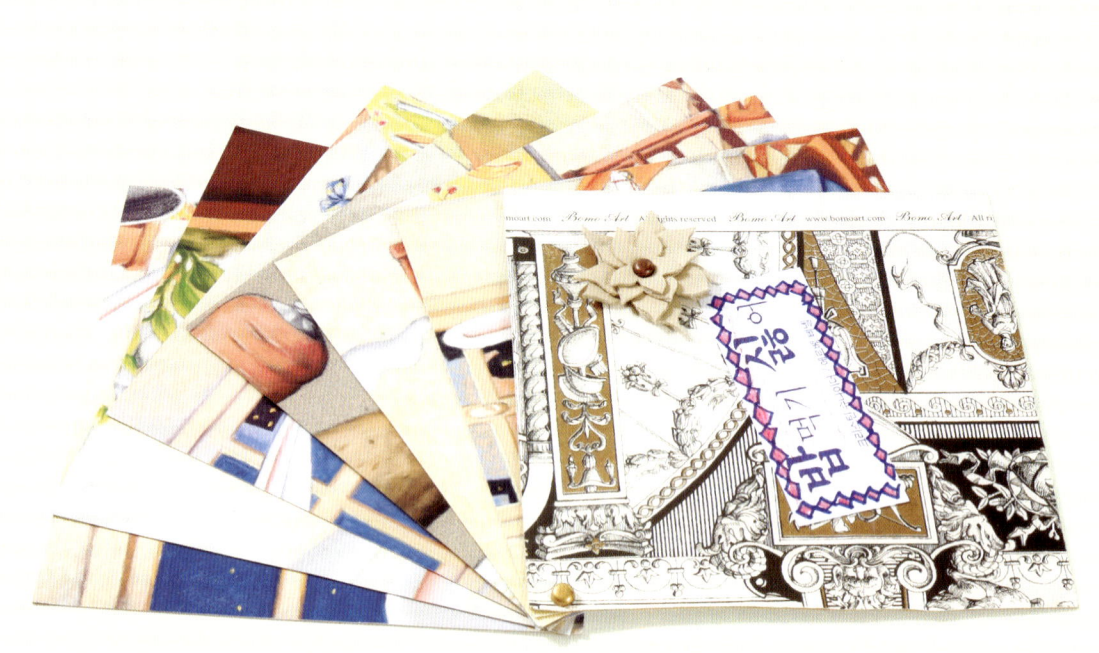

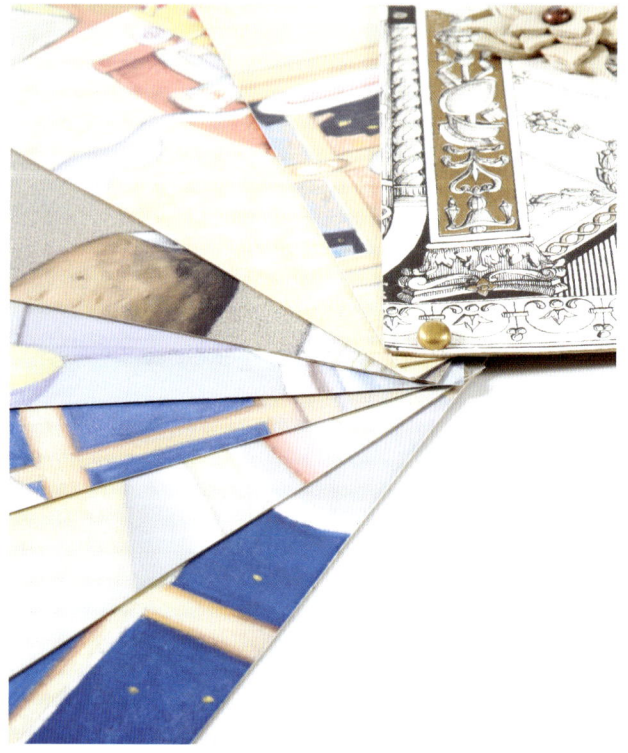

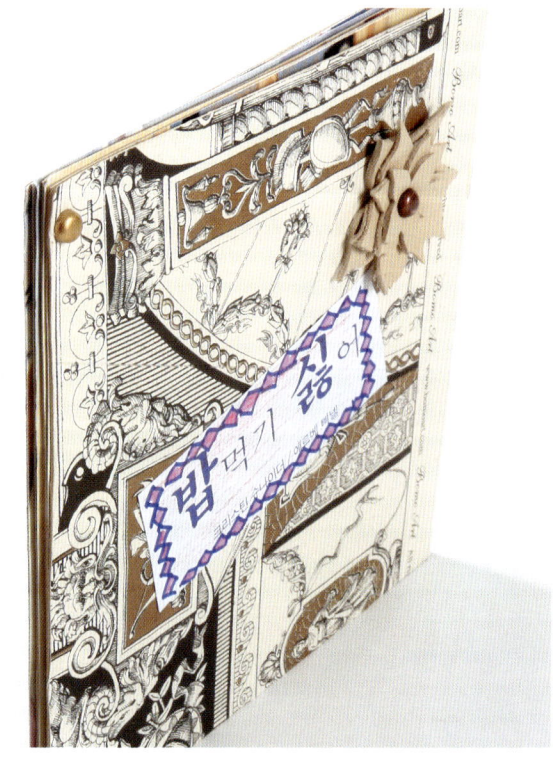

공룡 대탐험

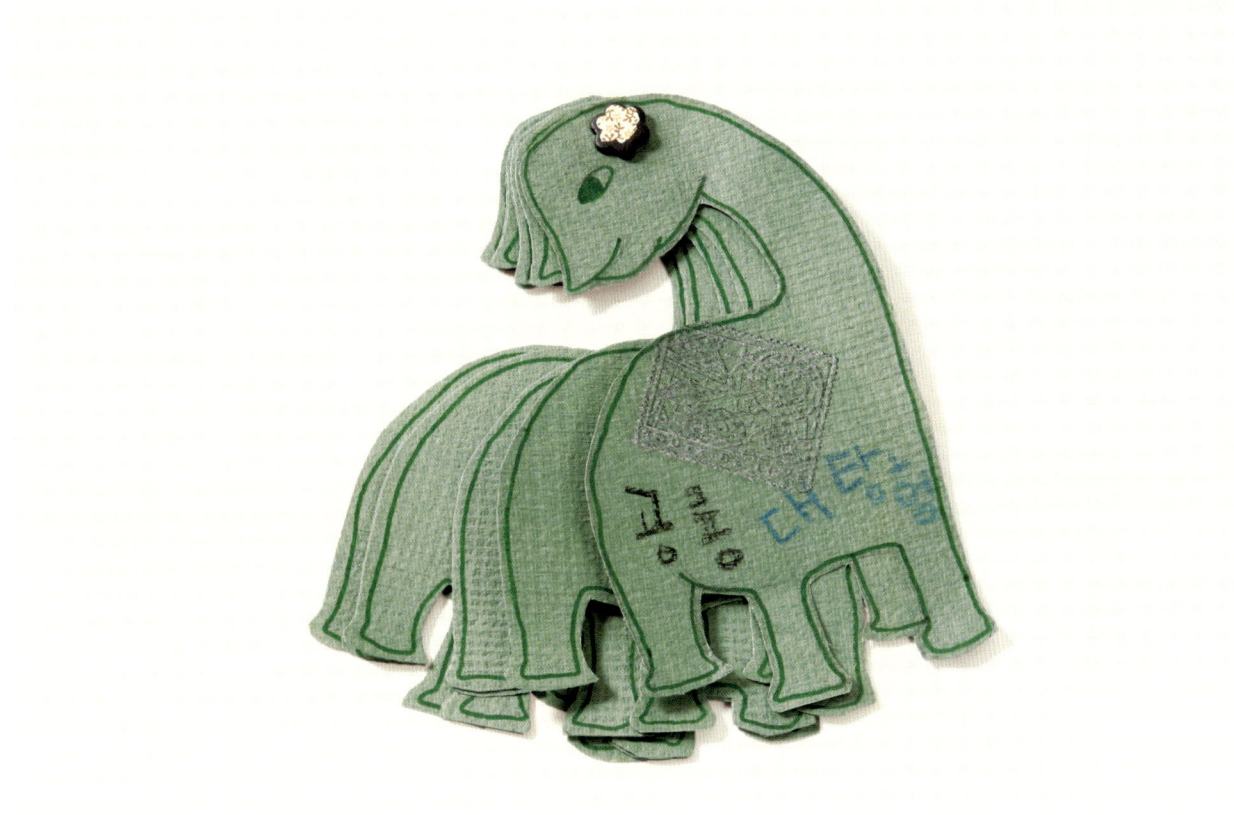

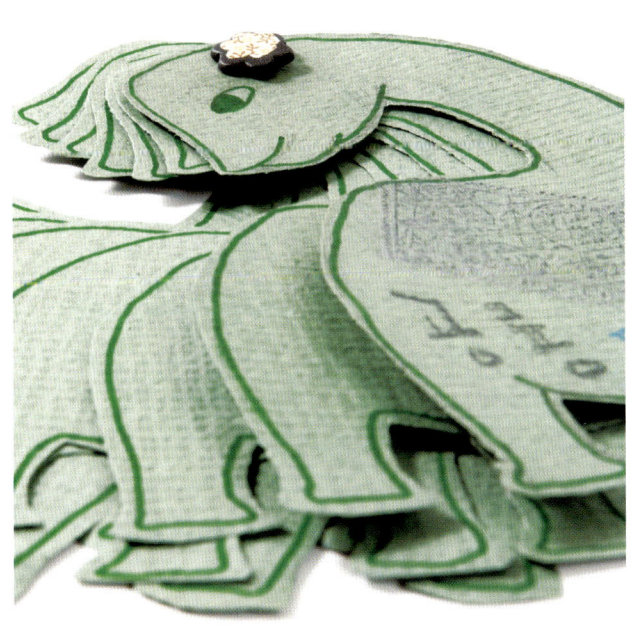

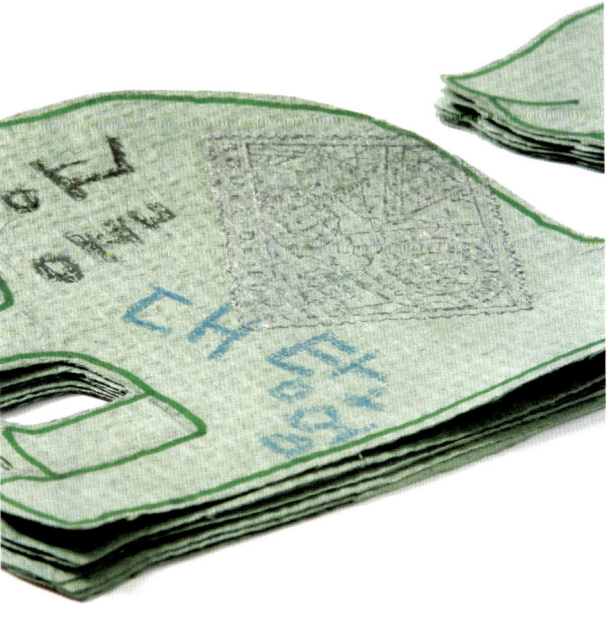

03 | 폴드폴드 끼우기
Making books for Children

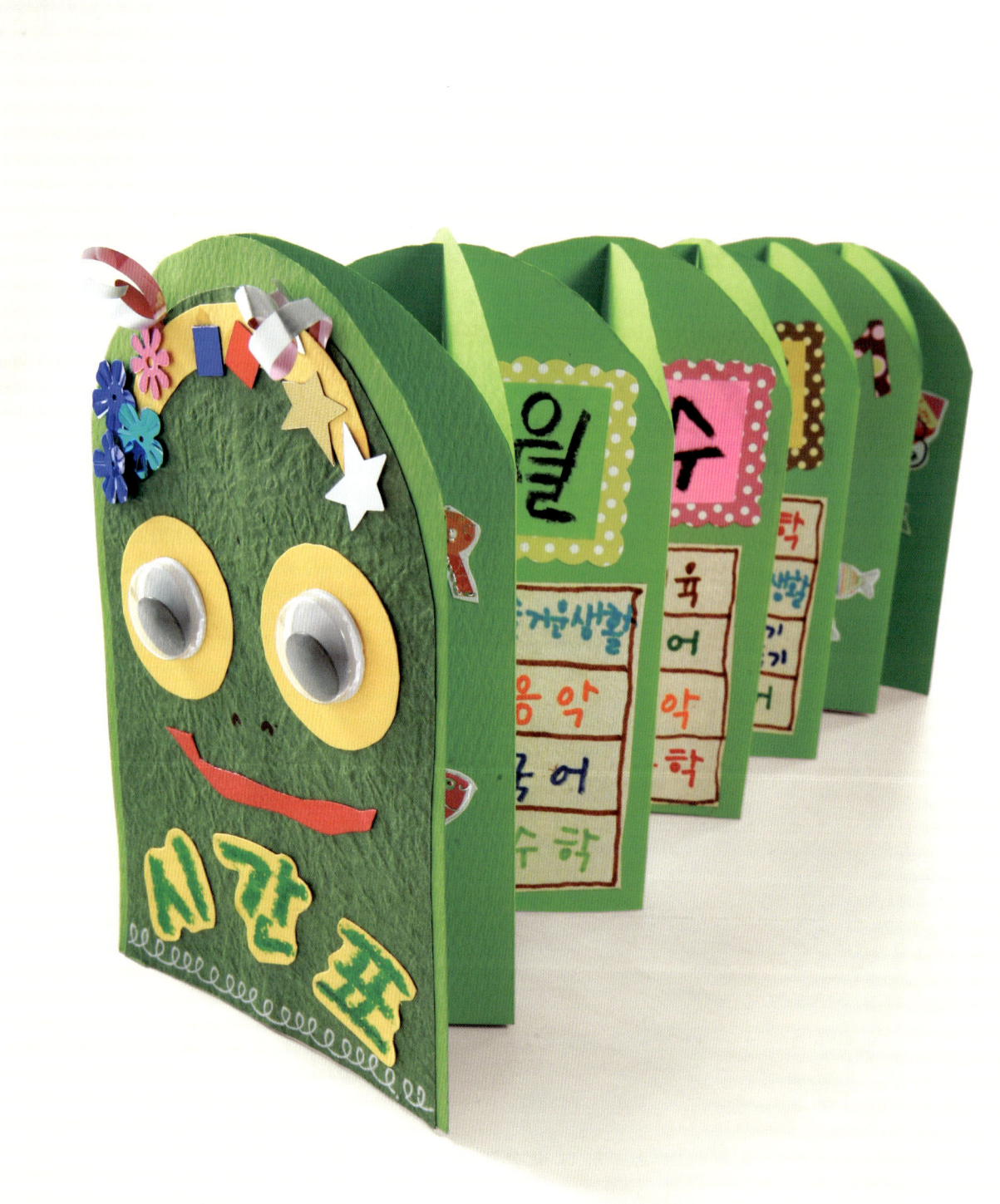

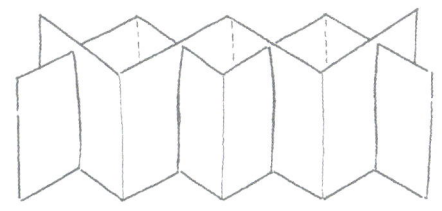

기본구조	• **폴드폴드 구조_** 이 방식은 네면접기를 두 개 합쳐 놓은 방식으로 견고하고, 입체적인 책 만들기 방식이다.
주 제	• 시간표
준 비 물	고체풀, 가위, 자, 색도화지(54㎝×15㎝) 2개, 색종이, 싸인펜, 인형눈, 색연필 등
관련 및 도움말	• **시간표_** 월요일부터 토요일까지의 시간표를 만들어 책상 위에 놓는다. 표지에는 눈과 더듬이를 만들어 귀여운 애벌레 모양으로 만들이도 재미있다. • **동서남북_** 우리 동네 집을 기점으로 동서남북의 모습을 표현한다. 우리 집을 기점으로 남쪽에 있는 문방구와 빵집, 가로수 길, 서쪽에 있는 아파트, 수위실, 상가의 모습 등을 그림으로 그리고, 발표한다. • **바닷속 여행_** 바닷속의 다양한 어류 및 해조류 등을 조사하고, 두 장의 폴드폴드북으로 만들어 합쳐 놓는다. 입체적인 책 모습이 완성된다.
활동목표	• 각 학년마다 배우는 교과목에는 어떤 것들이 있는지 설명할 수 있다. • 방과후 교실이나 어떤 학원들을 다니는지 서로 말해 보고, 좋아하는 과목은 왜 좋은지 설명할 수 있다.
난 이 도	상 **중** 하
지도방법	1 시간표를 준비한다. 2 폴드폴드 구조를 만든다. 3 만든 구조에 시간표를 예쁘게 장식해 붙여 본다. 4 표지를 장식하고, 눈과 더듬이를 붙여 애벌레 모양을 만든다.
제작시 유의사항	• 두 가지 종이 색깔을 반내색 계열로 하여 꾸며 만들었을 때, 구분이 되고 예쁜 모양이 된다. 네면접기를 한 후 잘라 주어도 좋다. • 가위를 이용해 중심점을 체크한 후 잘라줄 때 중심점보다는 3mm 정도 위쪽을 잘라 주어야 두 개를 합쳤을 때 딱 맞는다. 종이를 너무 얇은 것으로 하면 균형이 잡히지 않으니 조금 두꺼운 종이를 이용하는 것이 좋다.
평가관점	1 구조면에서는 폴드폴드가 정확한 중심점에서 반으로 나뉘어져 있는지 확인한다. 2 내용이 효과적으로 양쪽으로 들어갔는지 확인한다.
참고자료	• **바닷속 생물이야기(진선출판사)_** 바다 속에 살고 있는 물고기, 조개, 게, 감태, 청태, 파래, 댕가리 등 얕은 물속에서부터 깊은 물속에 사는 생물들을 나열하고 있다.

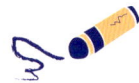

함께 만들어요

1.

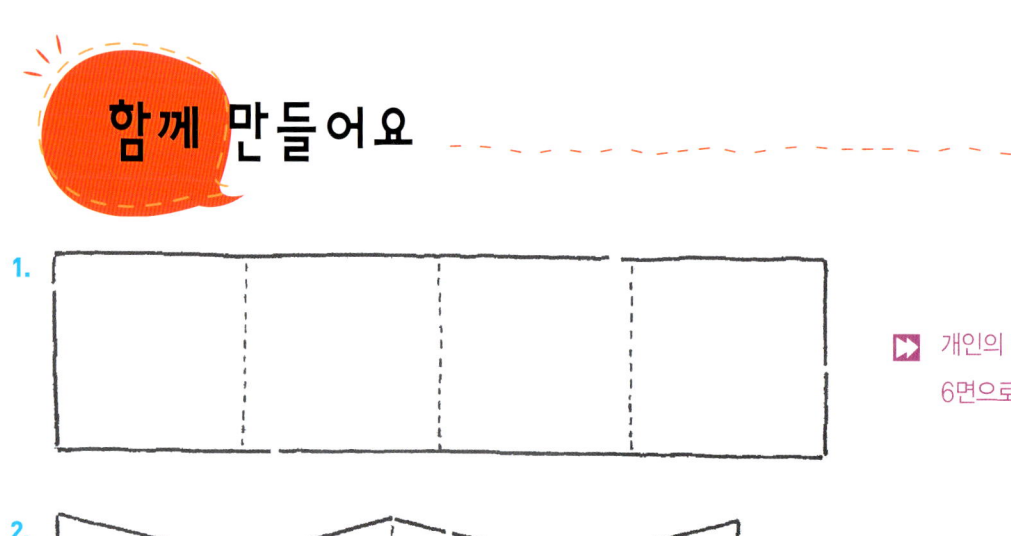

➡ 개인의 취향에 따라 4면 혹은
6면으로 접어 준다.

2.

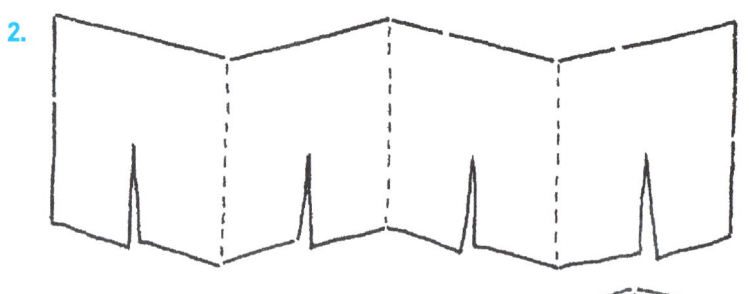

➡ 칼집을 낼 때는 면적보다 반 이상
내준다.

3.

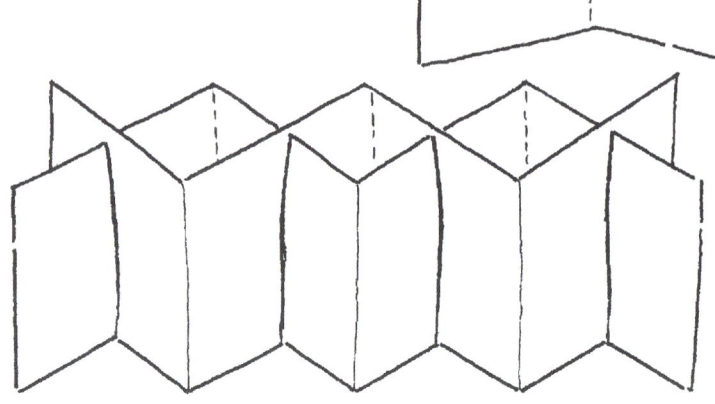

➡ 칼집의 방향이 서로 반대가 되도록 하여
끼워 준다.

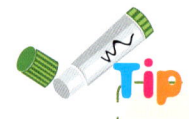

Tip

2개의 종이를 서로 끼울 때 찢어지지 않도록
조심스럽게 만든다.

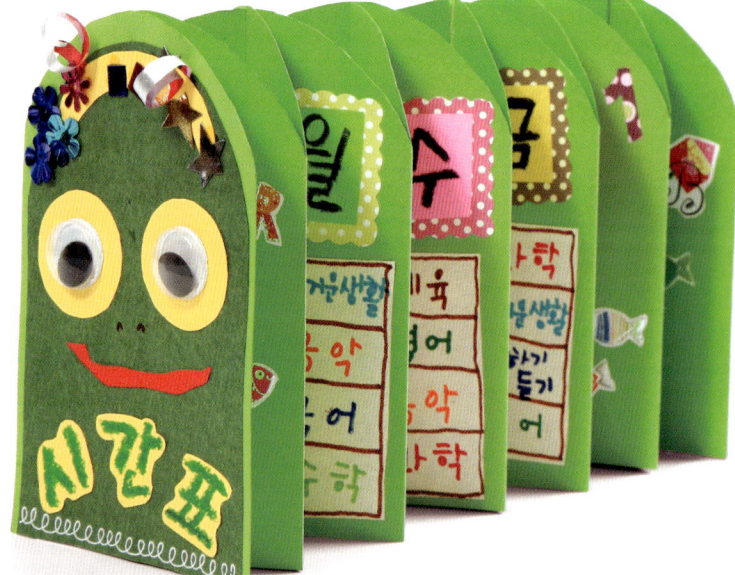

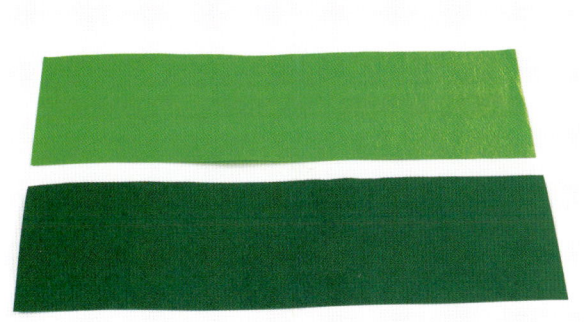

1. 같은 크기의 종이를 2장 준비한다.

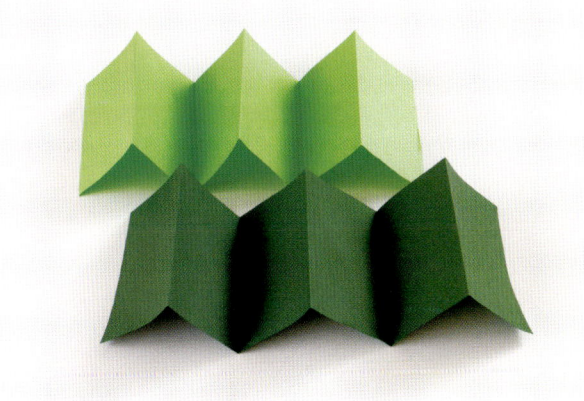

2. 6면접기 방식으로 종이를 접어 준다.

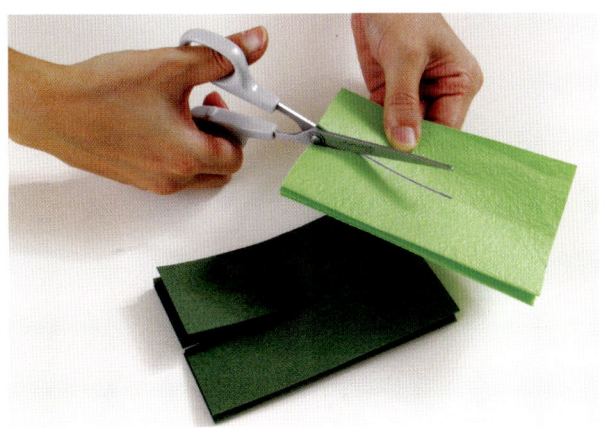

3. 그림과 같이 칼집을 내준다.

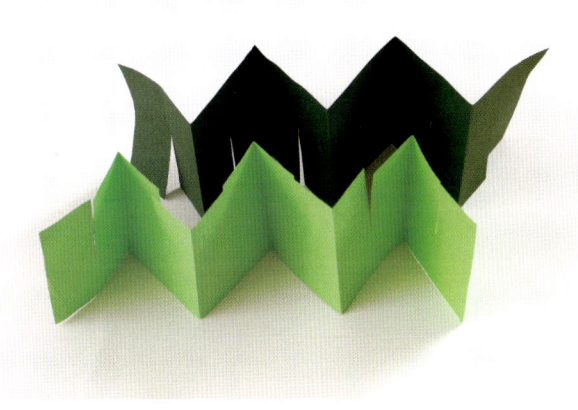

4. 칼집을 낼 때는 2개의 종이를 서로 다른 방향으로 내준다.

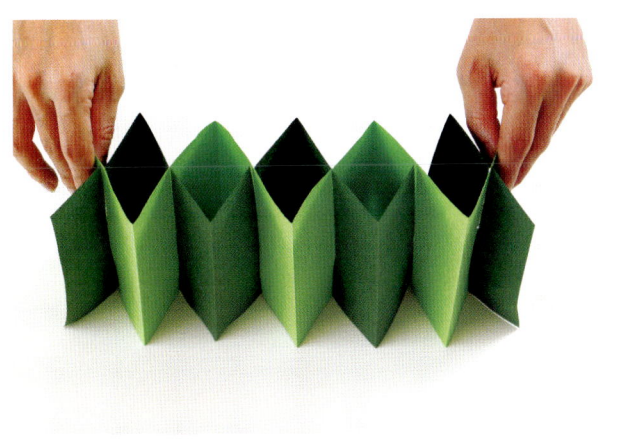

5. 서로 다른 방향의 칼집끼리 끼워 주면 그림과 같이 된다.

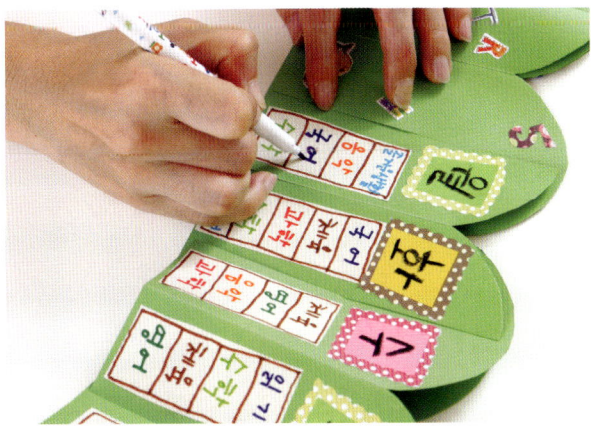

6. 싸인펜으로 나만의 시간표를 완성한다.

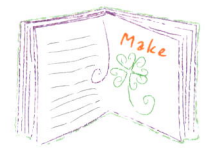

응용해 보세요

날고 싶어요

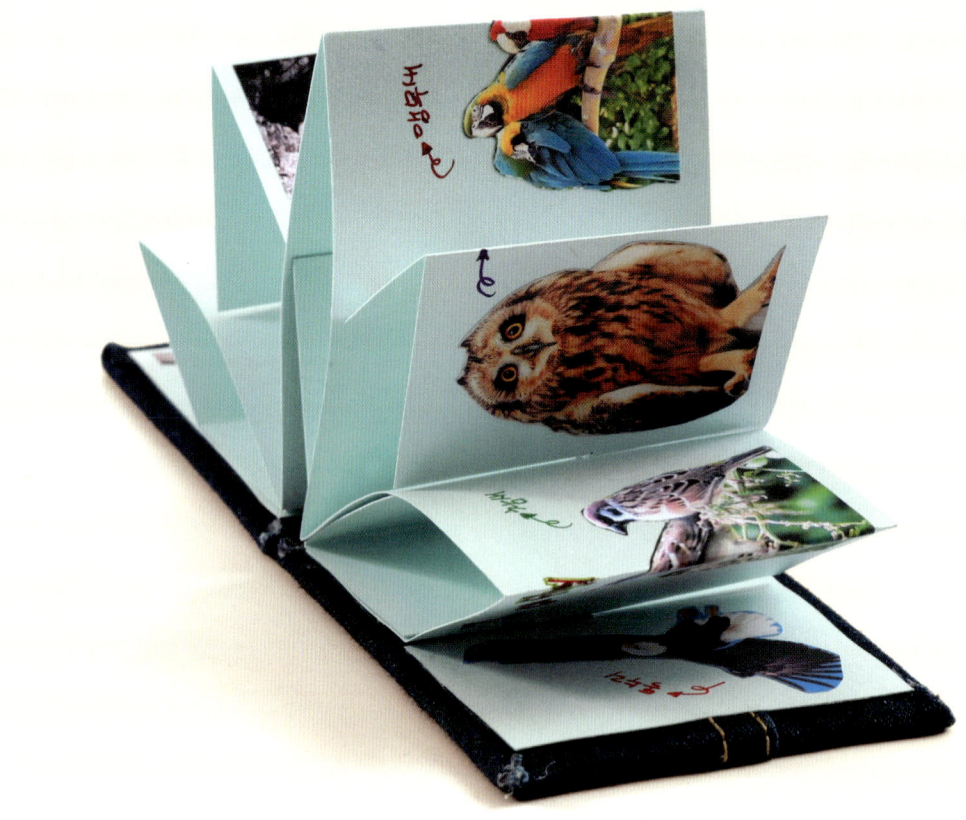

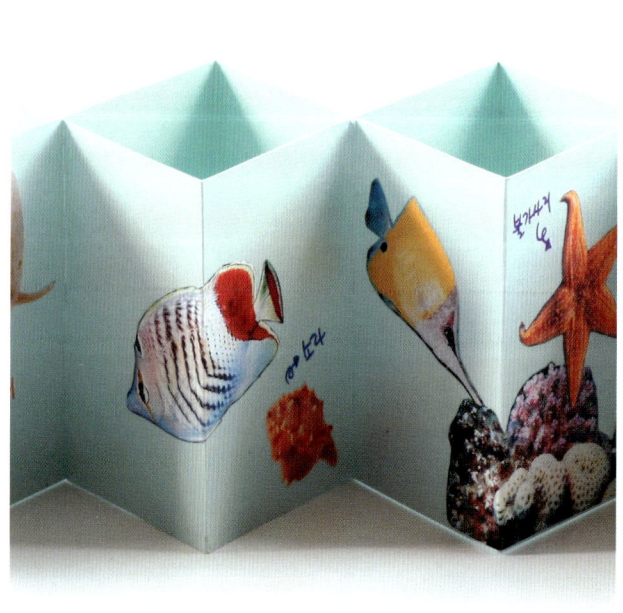

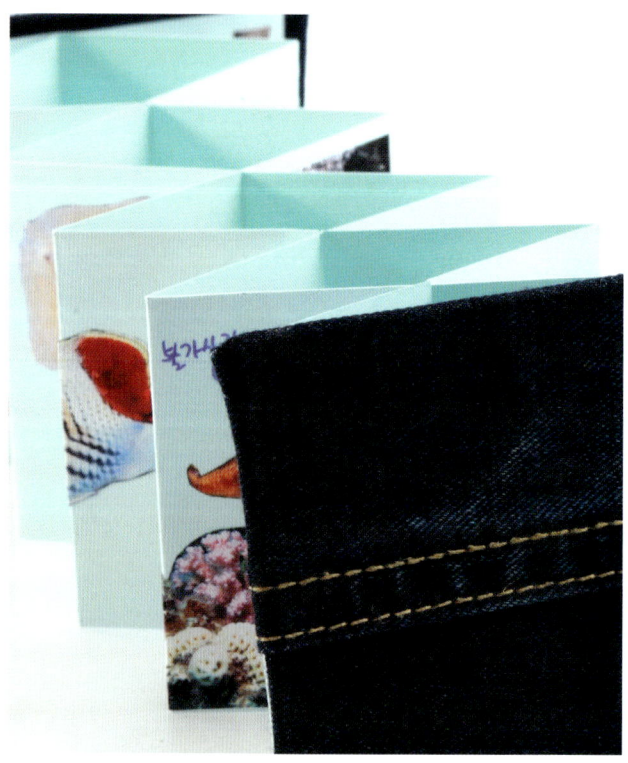

도 시 이 미 지

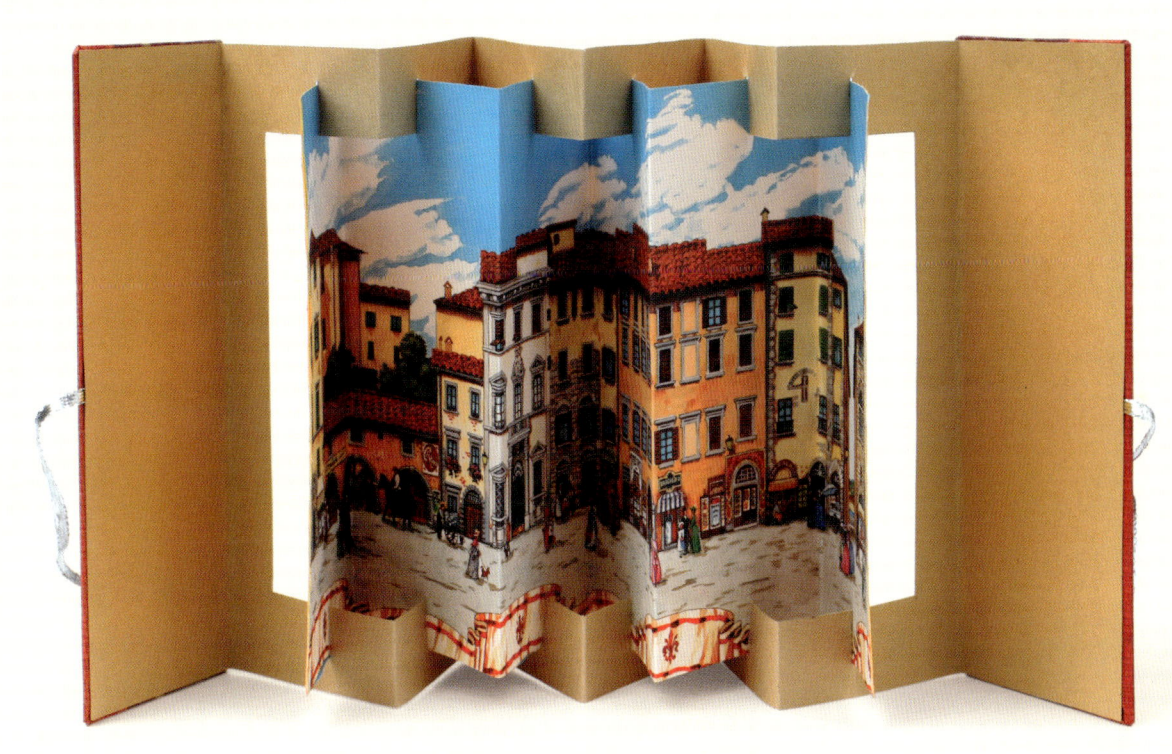

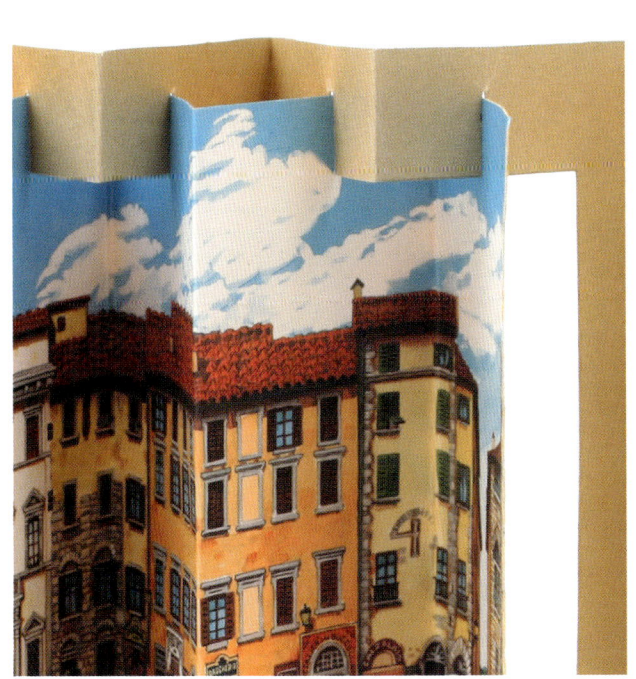

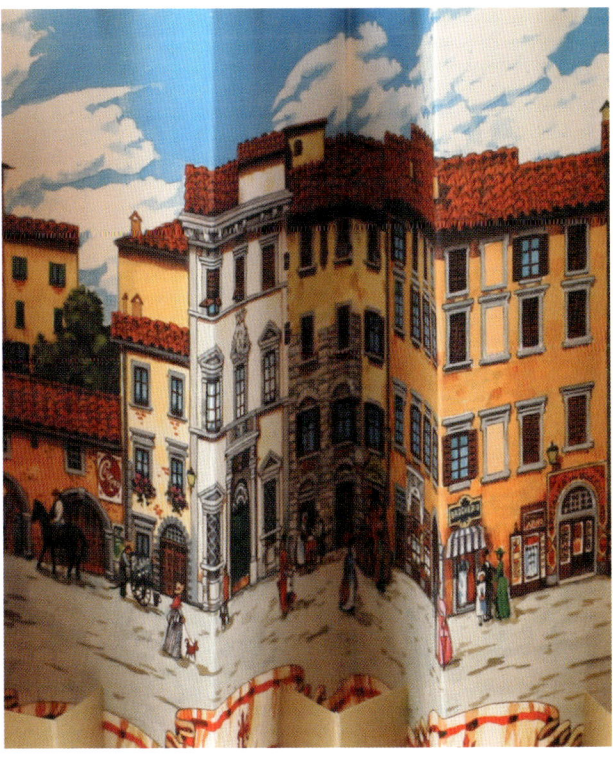

04 | 6면 아코디언

Making books for Children

금강산 (노래)

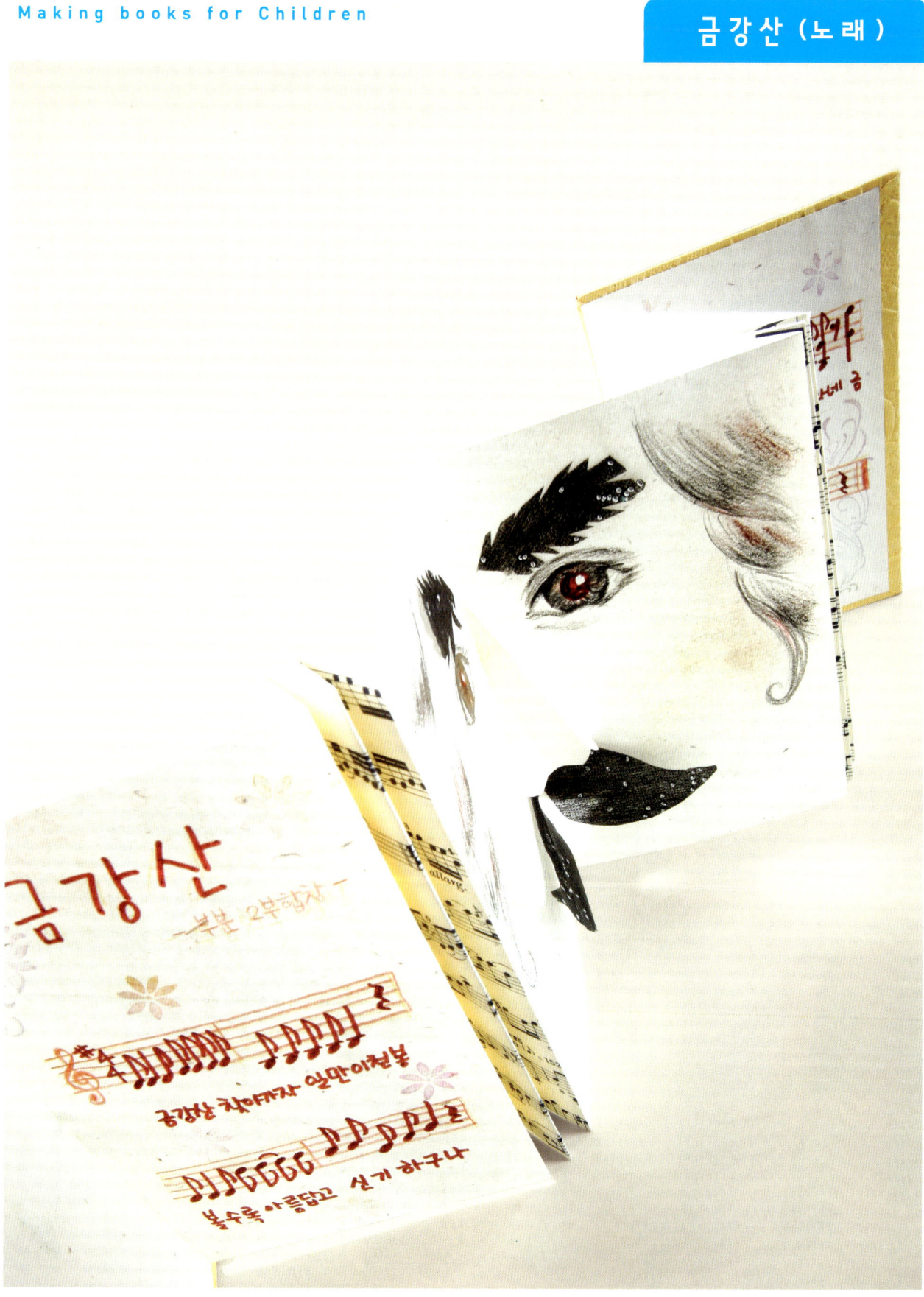

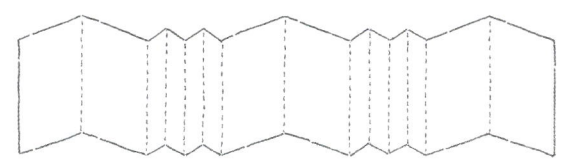

기본구조	• **6면 아코디언 북_** 6면접기 방식에서 변형한 것으로 주름이 접힌 아코디언이라는 악기에서 응용한 방식이다.
주 제	• 금강산(노래)
준 비 물	고체풀, 가위, 자, 커버용 하드보드, 색도화지(15㎝ × 80㎝), 색연필, 싸인펜, 색종이, 물감, 악보 등
관련 및 도움말	• **수수께끼_** '가둥하나로 지은집은? 버섯' 등 수수께끼는 2학년부터 고학년까지 다양한 학년 층에서 폭넓게 이용할 수 있는 주제이다. 접지를 펼쳐서 답을 알아맞히는 이 구조는 상당히 재미있는 방식이다. • **내가 좋아하는 동물의 특징_** 다양한 동물들에 대해 토의해 보고, 좋아하는 동물들을 한 가지씩 이야기해 본다. 페이지마다 그림을 좋아하는 동물을 그린 후 안쪽 페이지에 이름을 써서 친구들과 그린 동물을 알아맞히는 게임도 할 수 있다.
활동목표	• 요즘 학교에서 부르는 동요나 가곡을 선택하여 제작, 활용할 수 있다. • 어려운 가곡이나 동요를 담아 편리하게 가지고 다니면서 외울 수 있는 자료로 활용할 수 있다.
난 이 도	상　중　하
지도방법	1 여러 가지 가곡이나 동요 중 한 가지를 정해 다 같이 불러 본다. 2 6면 아코디언 북을 만든다. 3 두 면에 넣을 가사를 넣은 뒤 장식한다. 4 표지를 장식하고 끈을 달아 완성한다.
제작시 유의사항	• 이 방식은 미국의 수전 코도모가 개발한 방식으로 실제로는 8면접기를 한 후, 3면과 6면에는 주름을 만들어 주는 방식이다. 각 주름의 크기는 한 면의 크기와 같다. 주름의 개수는 만드는 책의 주제에 따라 조정이 가능하다.
평가관점	1 주름의 위치가 제대로 잘 들어갔는지 확인한다. 2 주름 부분에 그림처럼 악보를 넣는 것 외에도 세로로 글이나, 그림을 넣을 수 있어 주제와 맞게 구성되었는지 확인한다.
참고자료	• **옥수수 박사 김순권이야기_** 〈옥수수 박사 김순권 이야기〉는 옥수수 품종 개발에 수십 년을 바쳐 온 김순권(55) 교수의 이야기이다. • **엄마 아빠가 들려 주는 위인이야기(금잔디)_** 세계 여러 나라의 위대한 인물들의 일화를 재미난 삽화와 함께 소개한다.

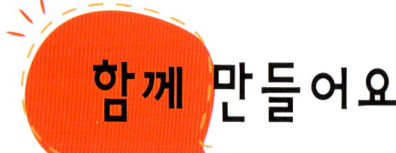

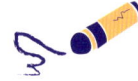

1.

2.

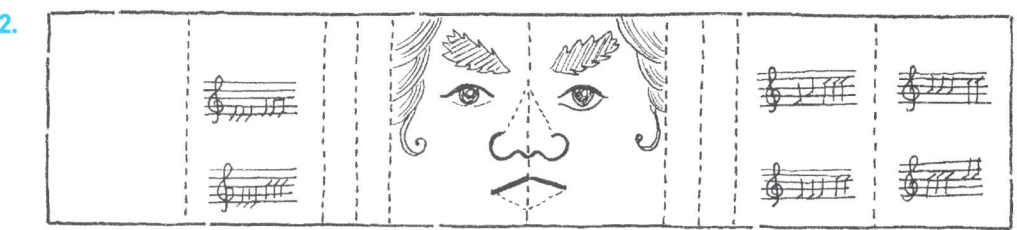

⬆ 얼굴 팝업은 2급의 입체북을 참조한다.

3.

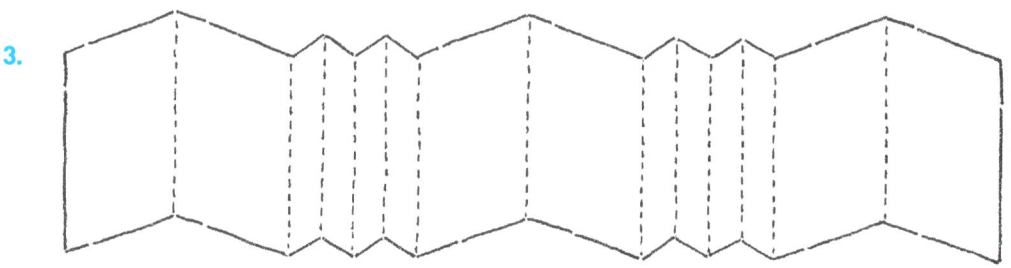

⬆ 종이를 접을 때에는 모서리를 맞추는 것이 중요하다.

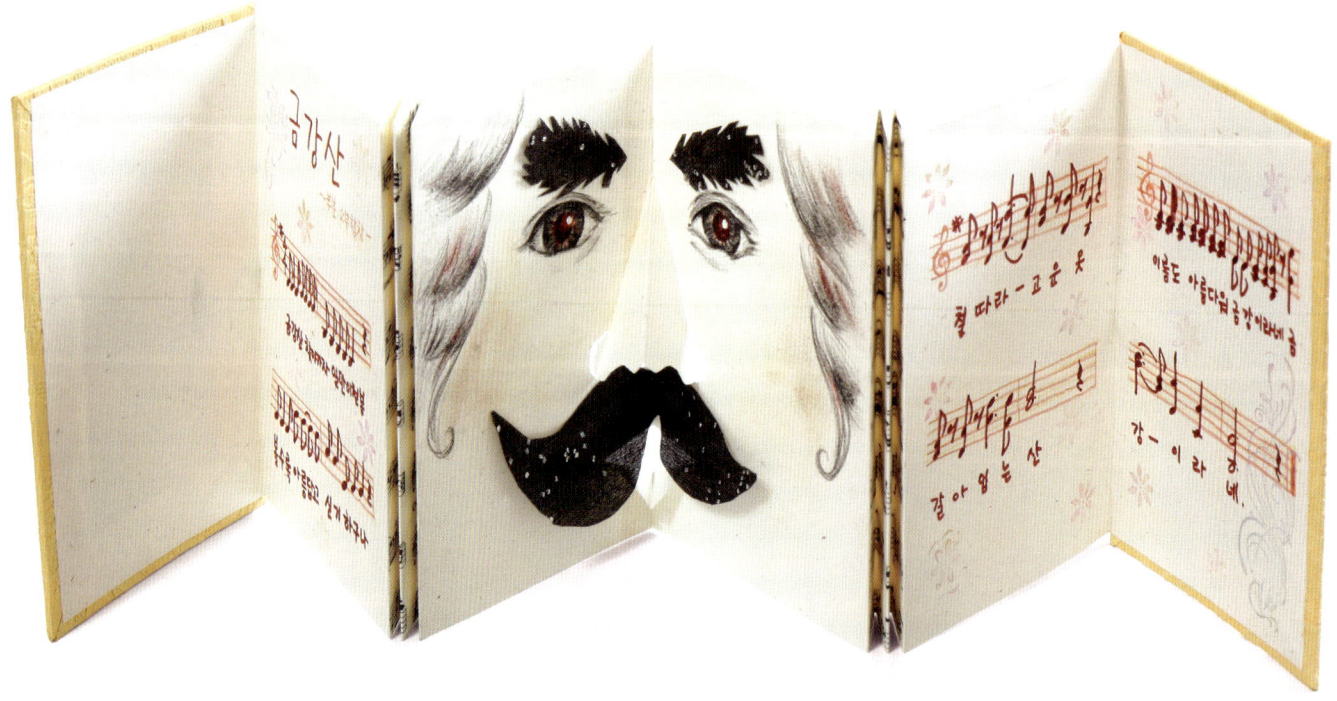

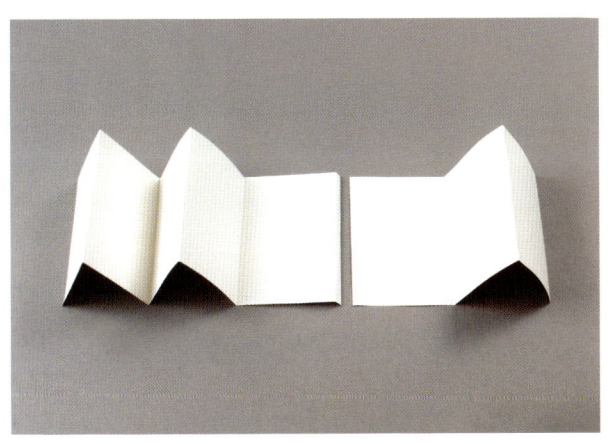

1. 종이가 짧을 때는 서로 연결하여 만들어 준다.

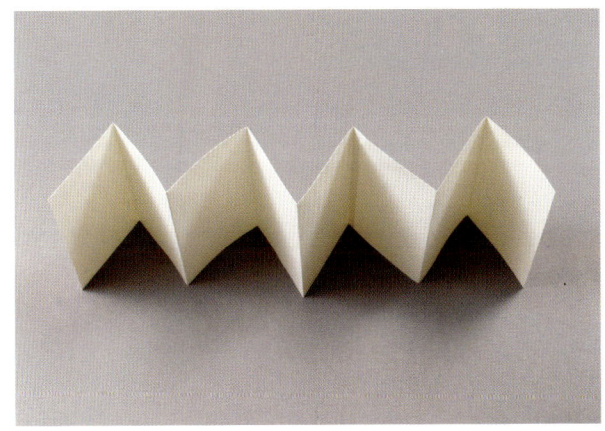

2. 8면접기 방식으로 접어 준다.

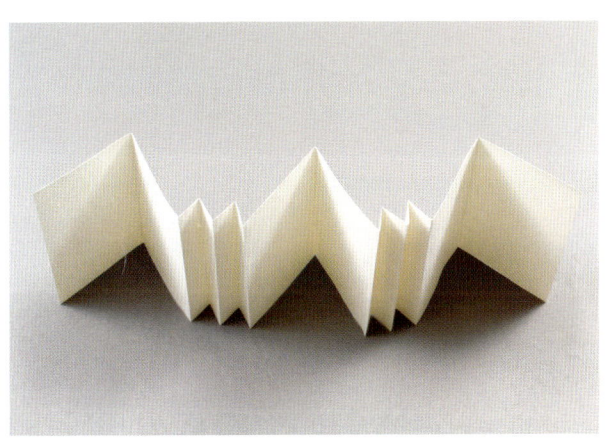

3. 그림과 같이 3면과 6면을 4등분으로 접어 준다.

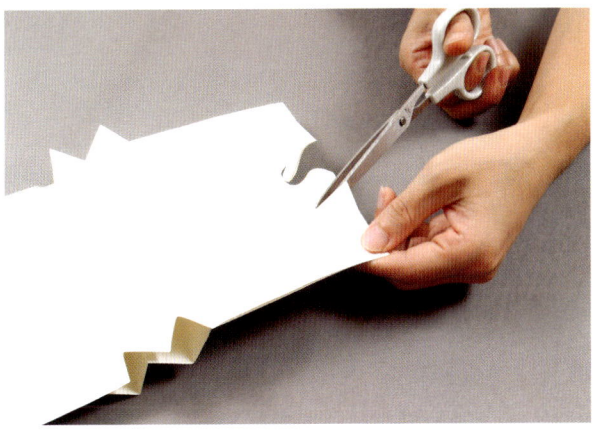

4. 4면과 5면의 모서리를 중심으로 코와 입을 오려 준다.

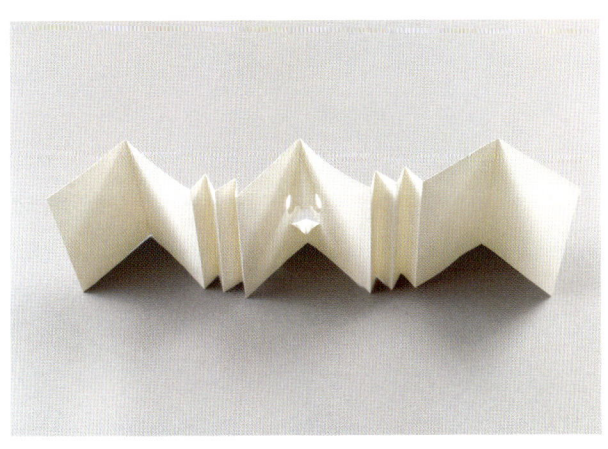

5. 오려 준 코와 입을 팝업처럼 만들어 준다.

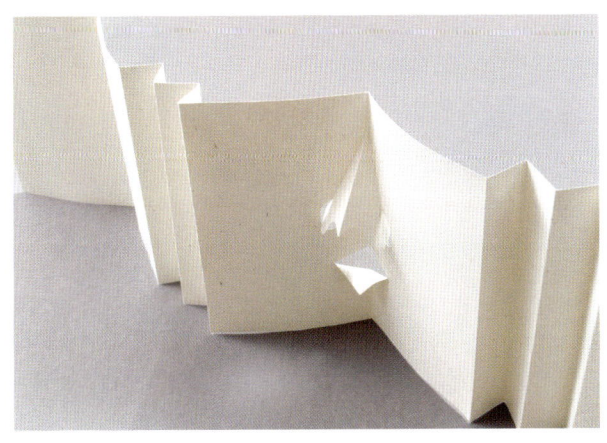

6. 내용을 넣어 주면 완성된다.

응용해 보세요

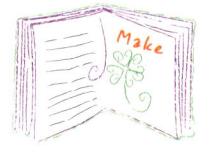

스텐실

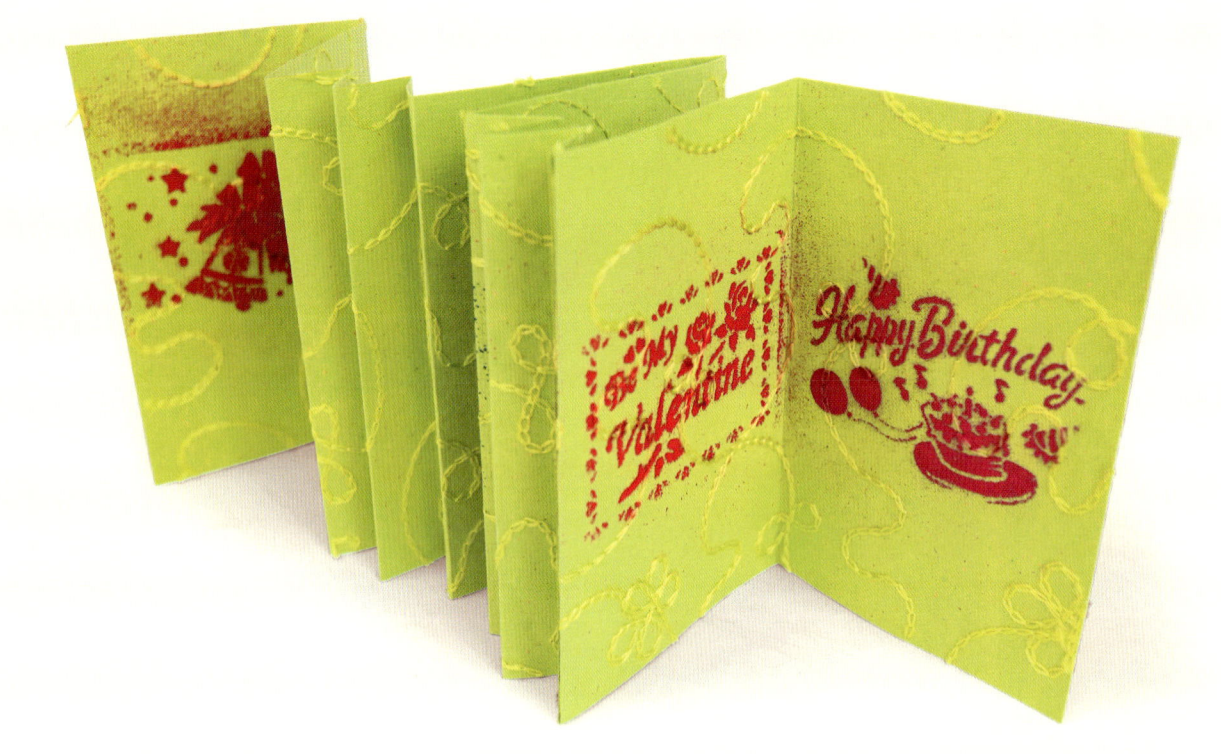

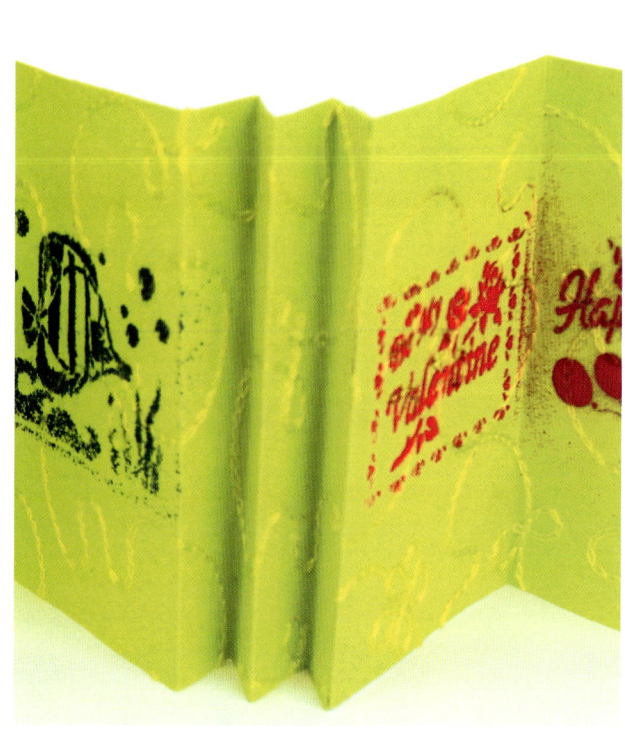

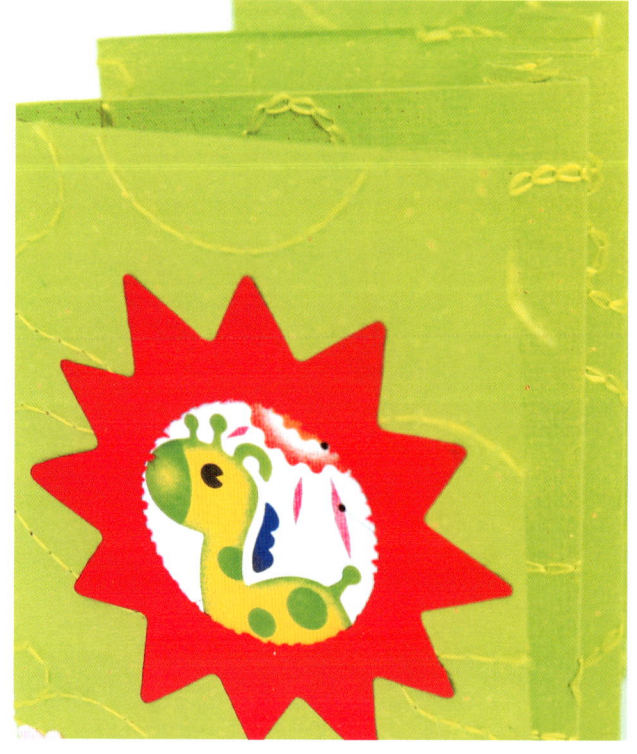

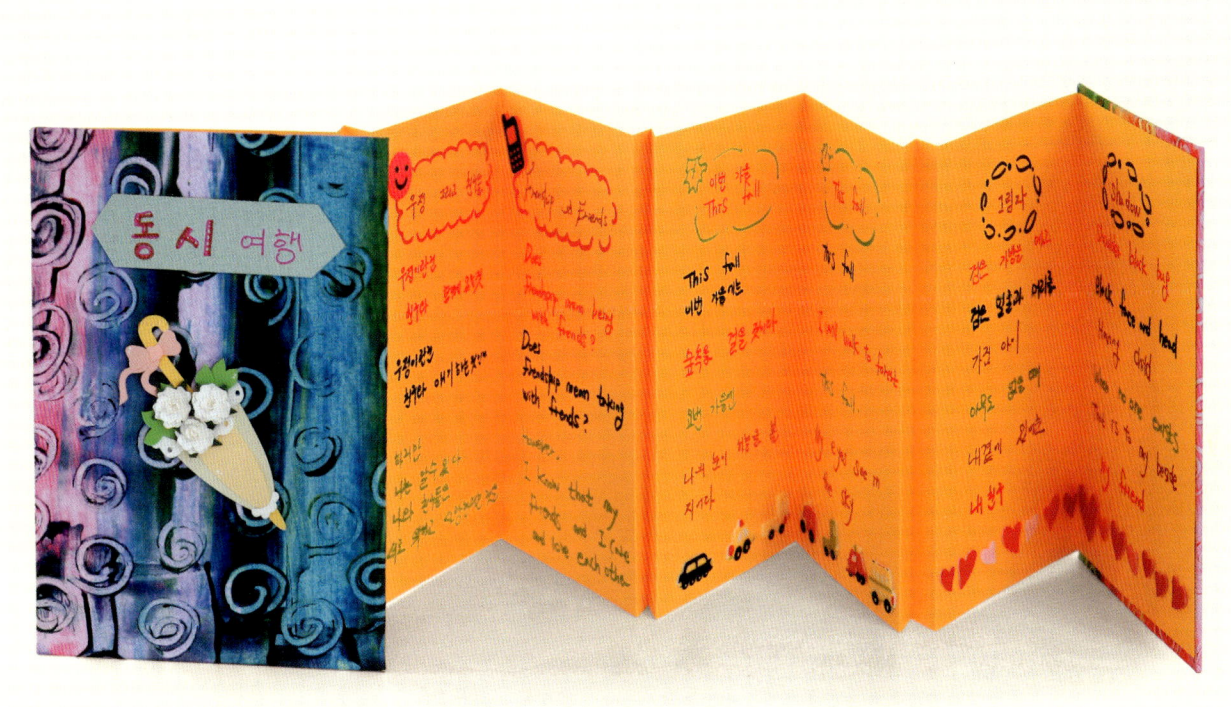

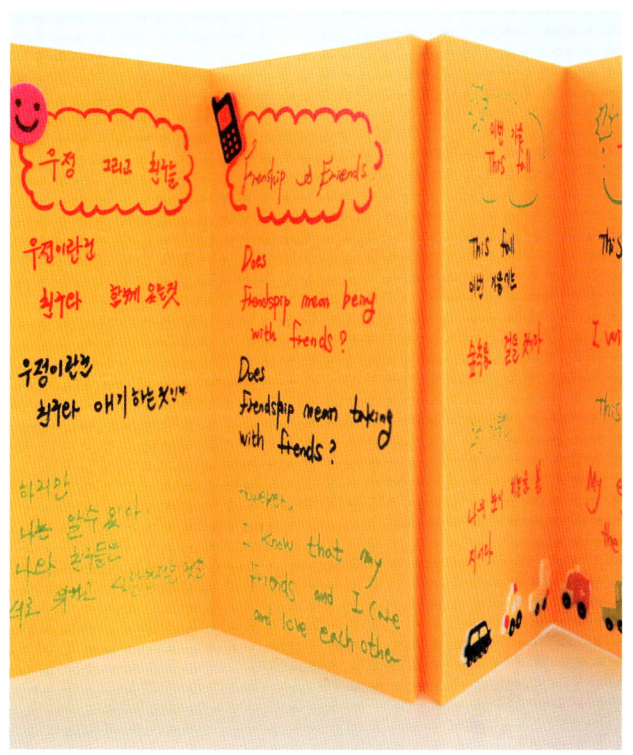

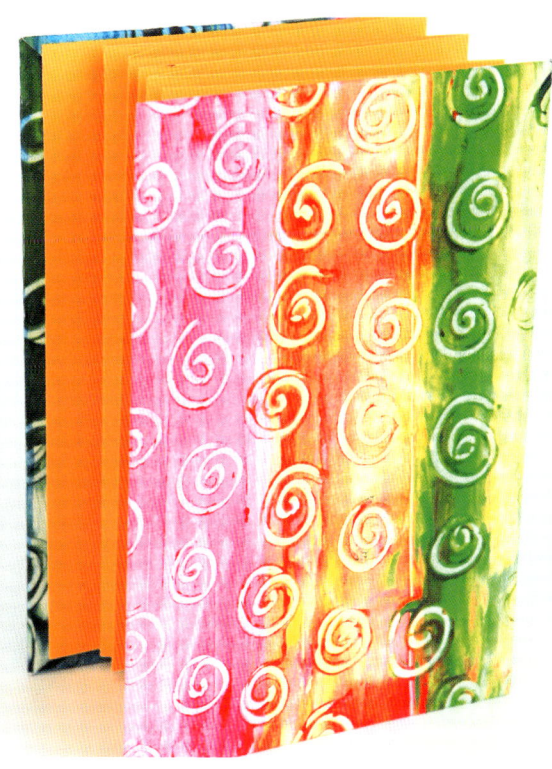

동시 여행

05 | 오리가미 북
Making books for Children

수 수 께 끼

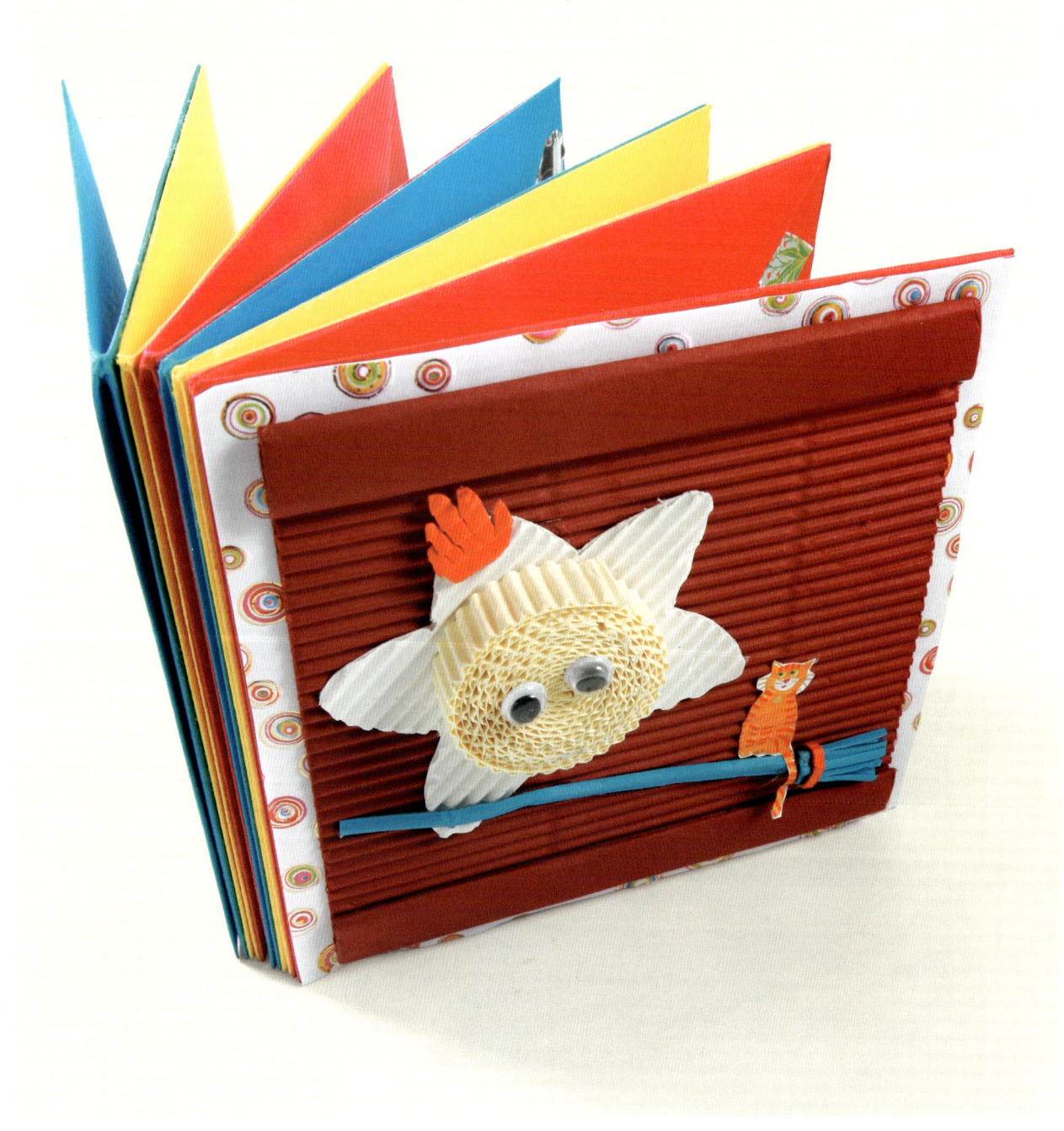

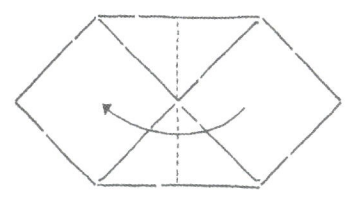

기본구조	• **오리가미 북_** 이 구조는 비밀스럽게 접지를 펼치면 답을 볼 수 있는 구조로, 질문과 답의 형식으로 만드는 책에 적당한 구조이다.
주 제	• 수수께끼
준 비 물	고체풀, 가위, 자, 색도화지(27cm × 27cm) 6개, 골판지, 색도화지, 양면테이프, 인형 눈 등
관련 및 도움말	• **수수께끼_** '기둥 하나로 지은 집은? 버섯' 등 수수께끼는 2학년부터 고학년까지 다양한 학년층에서 폭넓게 이용할 수 있는 주제이다. • **내가 좋아하는 동물의 특징_** 다양한 동물들에 대해 토의해 보고, 페이지마다 좋아하는 동물을 그린 후 안쪽 페이지에 이름을 써서 친구들과 그린 동물을 알아맞히는 게임도 할 수 있다.
활동목표	• 각 학년 층에서 적용되는 다양한 수수께끼를 수집하여 활용할 수 있다. • 수수께끼의 참뜻을 설명할 수 있다.
난 이 도	상 　중　 하
지도방법	1 다양한 수수께끼를 서로 이야기한다. 2 칠판에 알고 있는 다양한 수수께끼를 한 명씩 적는다. 3 오리가미북을 다양한 색상지를 이용해 만든다. 4 한 가지 색으로만 접어 서로 다른 색깔로도 교환해 본다. 5 완성된 구조에 수수께끼를 적어 보고, 답은 안쪽 접힌 부분에 쓴다.
제작시 유의사항	• 블라인드 방식은 종이를 접은 후 양쪽 끝을 연결한 것으로 실은 한 개를 길게 해서 좌측과 우측, 위와 아래까지 연결해서 묶어 주는 방식이다. 이 방식은 첫번째 종이가 표지가 됨을 주지시킨다. • 응용으로는 양 끝을 따로 끈을 달아 줄 수 있고, 접을 때에는 양쪽 끝의 끈을 잡아당겨 주도록 한다. • 이 방식은 질문에 대한 답을 얻는 책 만들기에 적당하다.
평가관점	1 다양한 종이접기 방법을 책 만들기에 얼마나 응용했는지 확인한다.
참고자료	• **수수께끼 여행 (베틀북)_** 총 88가지의 수수께끼가 10장면의 그림 속에 담겨 있는 수수께끼 그림책이다. 한 장면에서 10개의 수수께끼 문제가 제시되면서, 답을 맞히는 재미와 그림 속에 숨어 있는 숨은 그림까지 찾아볼 수 있는 재미를 주고 있다.

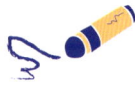

함께 만들어요

1.

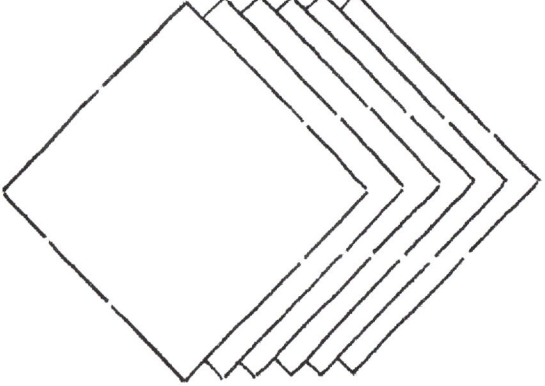

2.

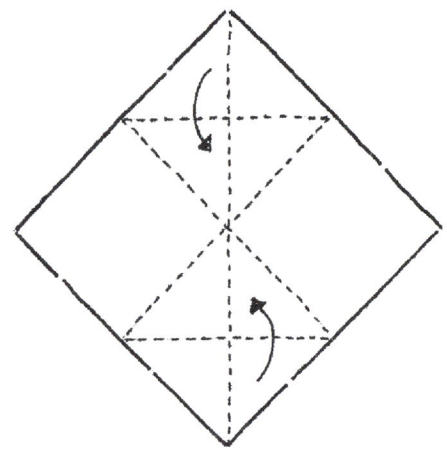

⬆ 정사각형의 종이를 준비하여 방향에 맞추어
접어 준다.

3.

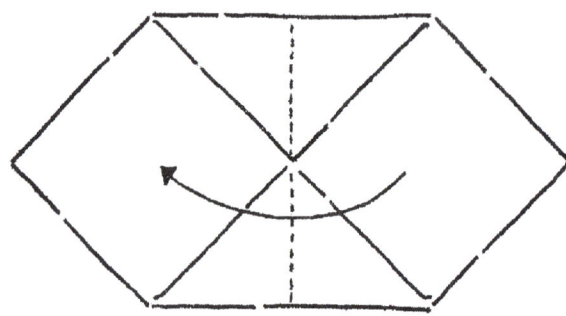

▶ 그림 설명처럼 반으로 접어 바깥쪽을 풀로
칠하여 연결시켜 준다.

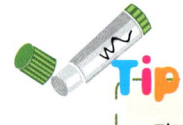

Tip

각도가 잘 맞지 않으면 완성도가 떨어져 보이므로
각도를 잘 맞추어 풀칠을 해준다.

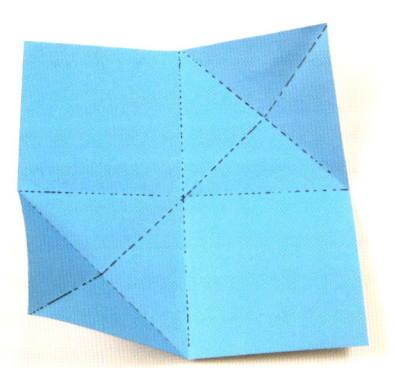

1. 그림과 같이 접을 종이를 표시해 둔다.

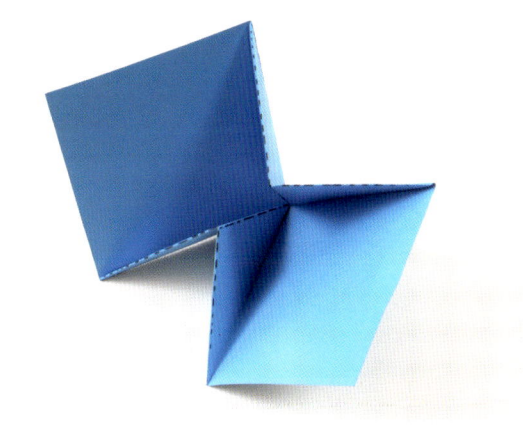

2. 표시해 둔 방법을 따라 종이를 접어 준다.

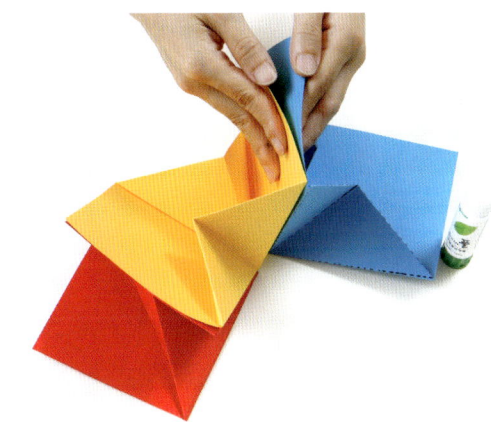

3. 접어 둔 종이를 그림과 같이 붙여 준다.

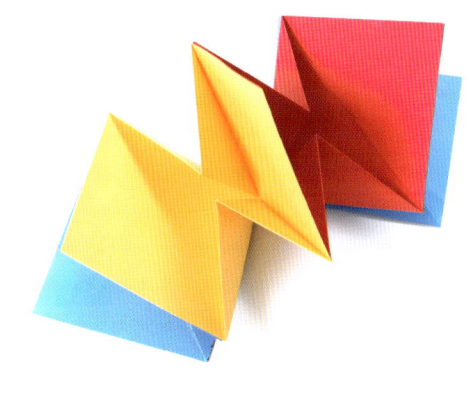

4. 연속하여 종이를 여러 장 붙여 준다.

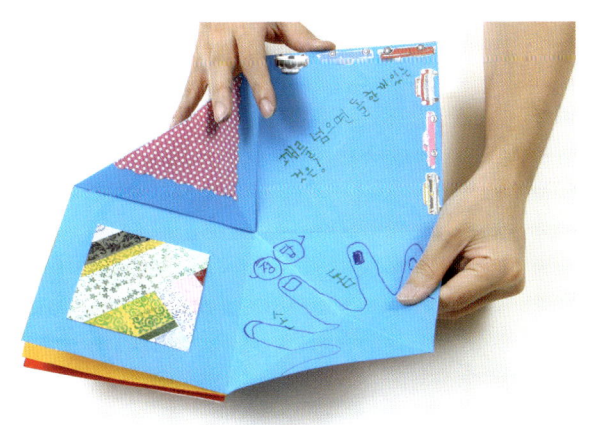

5. 내용을 예쁘게 꾸며 준다.

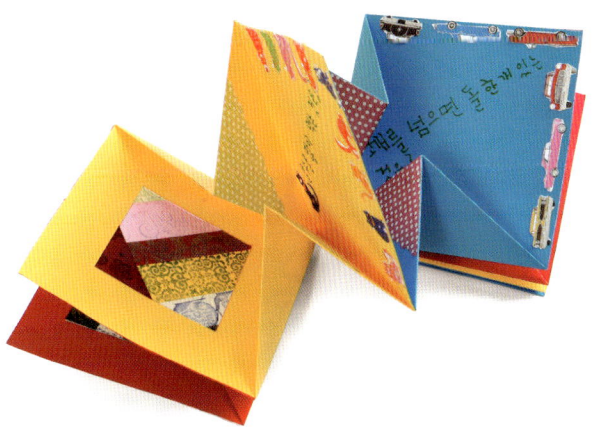

6. 완성

응용해 보세요

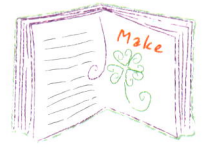

우리 나라 축제

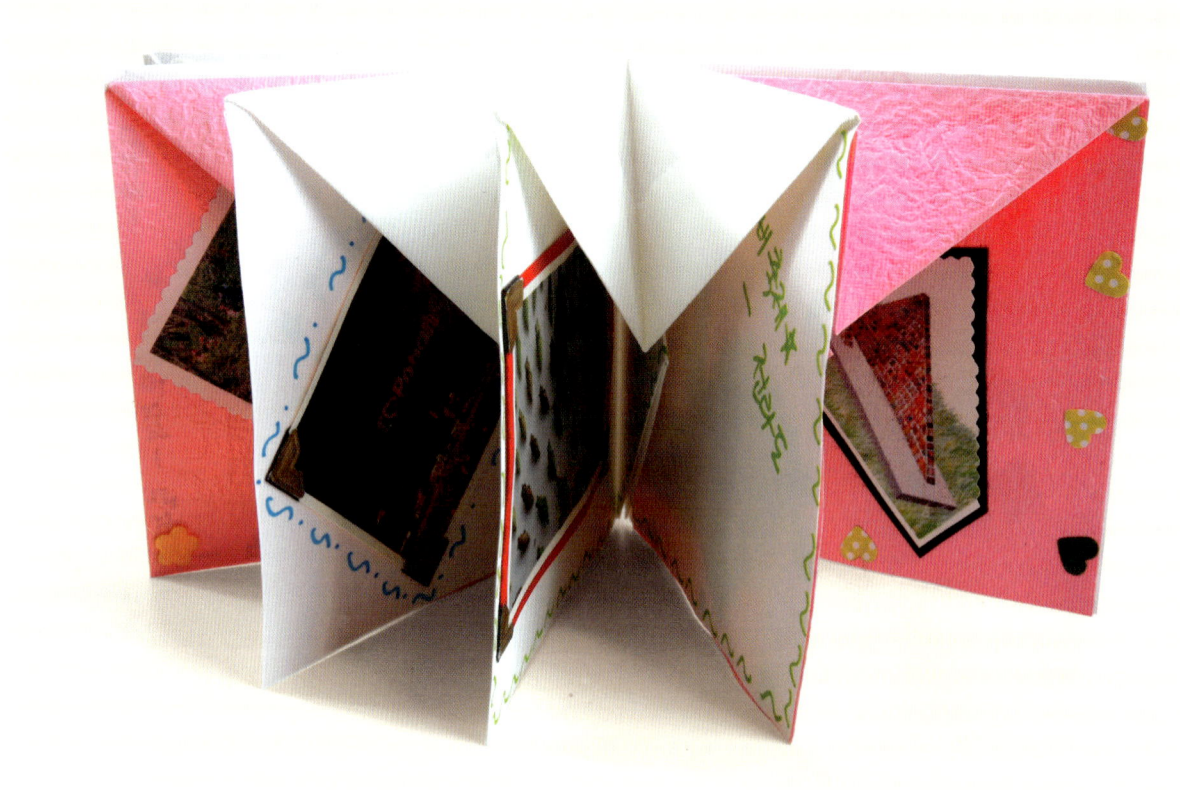

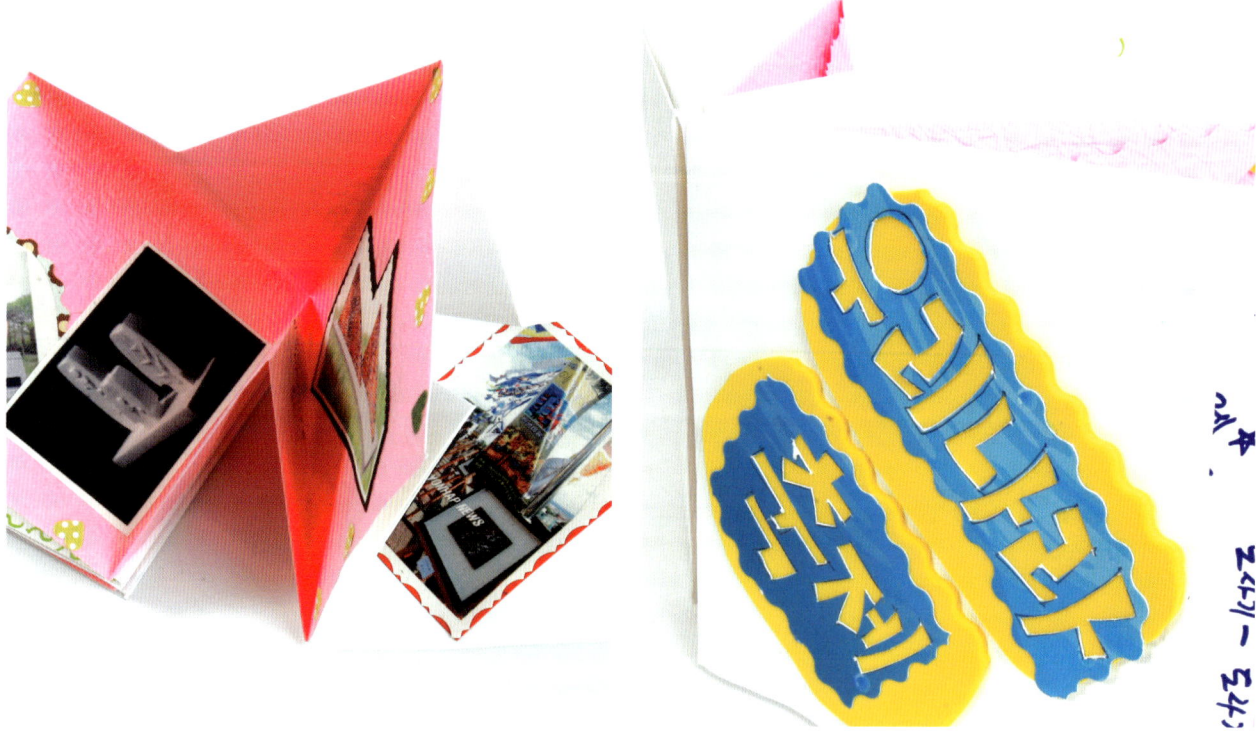

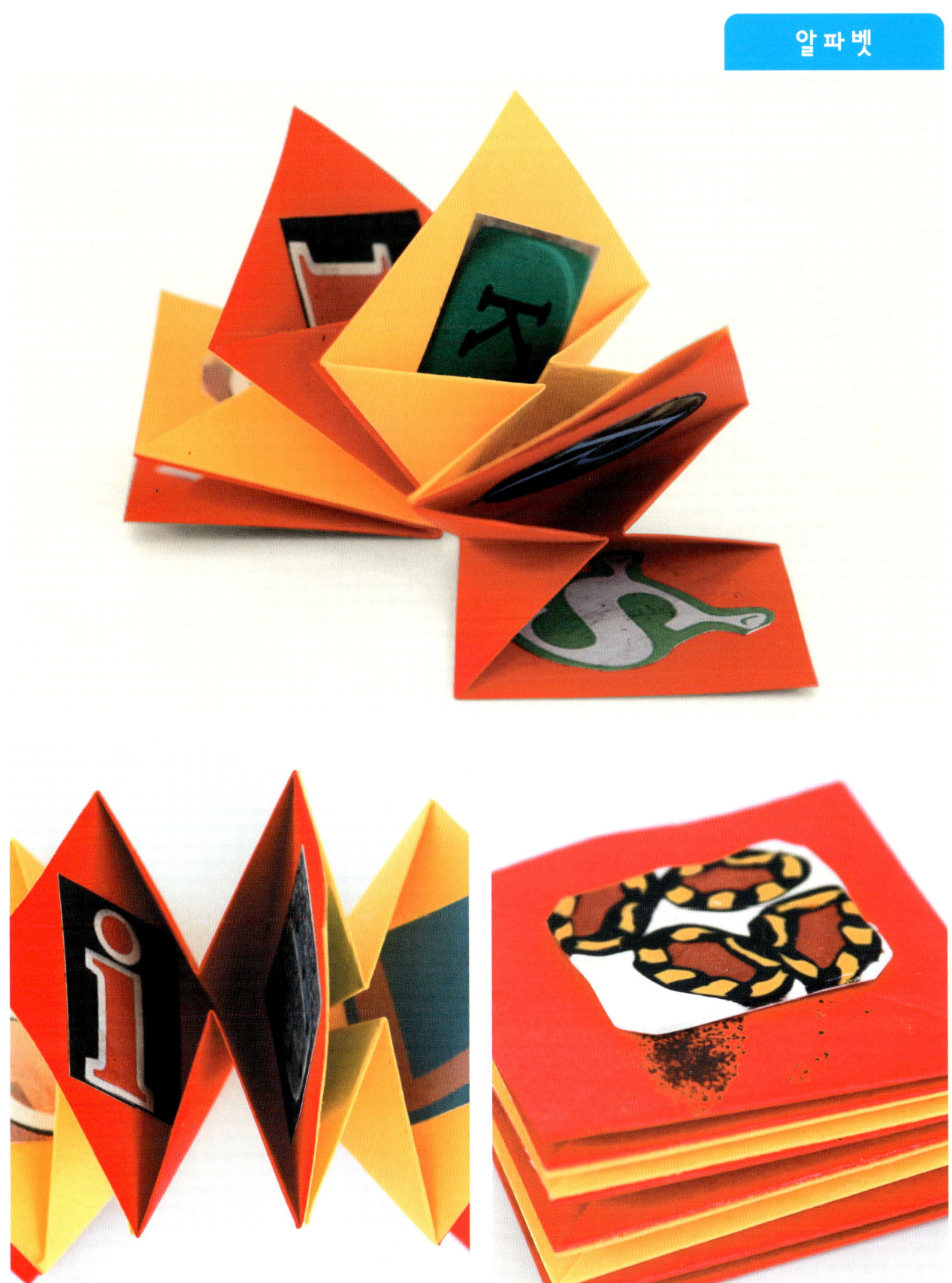

06 | 삼각접지 북

Making books for Children

명화감상

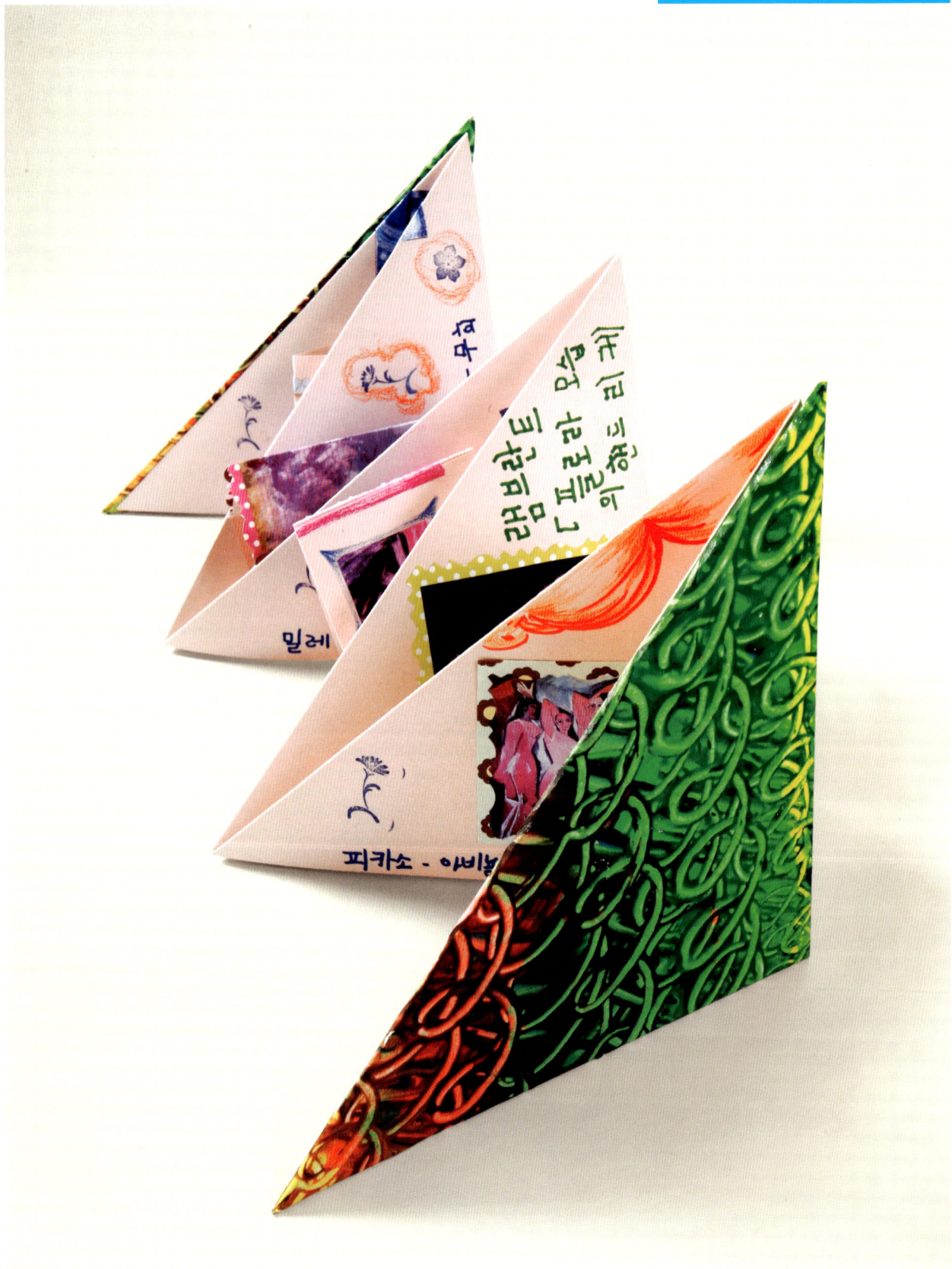

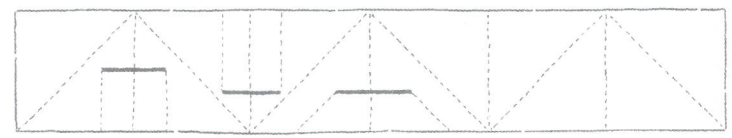

기본구조	• **삼각접지 북**_ 삼각 북을 변형한 책으로 삼각북은 낱장의 종이를 풀로 붙이는 방법인데, 이 방법은 한 장의 긴 종이를 대각선으로 접어 삼각북과 같은 효과를 줄 수 있다.
주 제	• 명화 감상
준 비 물	고체풀, 가위, 자, 하드커버, 색도화지(15㎝ × 45㎝) 2개, 물감, 싸인펜, 칼 등
관련 및 도움말	• **박물관 견학**_ 박물관 견학 전 준비 시항에시부터 견학 후 느낀 점, 제험 및 실습한 사항 등을 꼼꼼히 기입한다. 가지고 온 박물관 안내문 등을 책에 붙이면 더 훌륭한 책이 될 것 이다. • **계절별 곤충**_ 우리 주변에는 계절별로 나오는 곤충들을 볼 수 있는데 여름에는 대표적으로 여름의 전령사 '매미'를 들 수 있다. 이렇듯 다양한 곤충들을 서로 이야기해 본다.
활동목표	• 다양한 박물관과 박물관이 가지고 있는 고유의 특성에 대해 알고 설명할 수 있다. • 가 본 박물관 중 가장 기억에 남는 박물관에 대해 이야기해 본다. • 한 가지 박물관이나 미술관을 정해 특징이나 자료를 책으로 만들 수 있다.
난 이 도	상 **중** 하
지도방법	1 명화감상을 한다. 2 다양한 명화 자료를 가지고 와 서로 비교하고, 오린다. 3 삼각접지 북 구조를 만든 뒤, 부분적으로 팝업을 넣는다. 4 오린 명화 자료들을 붙인다. 5 하드보드를 잘라 표지를 만든 뒤, 완성한다.
제작시 유의사항	• 이 책은 펼쳤을 때는 삼각북과 같은 모양을 하고 있지만, 접었을 때에는 한 장의 종이 로 연결되어 있는 방식이다. • 직사각형의 종이의 사이즈를 각각 다르게 해서 여러 사이즈의 삼각접지 북을 만든 후, 내 용을 넣고 양쪽 끝 부분에 끈을 달아 묶어 준 후, 교실에 모빌처럼 달아 장식할 수 있다.
평가관점	1 페이지가 열리는 면마다 곤충이나 식물사진 등을 잘 정리하여 완성했는지 확인한다. 2 내용의 완성도와 조사가 충분한지 확인한다.
참고자료	• **신기한 곤충도감 (진선출판사)**_ 곤충들의 놀랍고 신기한 생태를 어린이들의 눈높이에 맞추어 곤충들의 생생한 삶의 이야기를 풀어냈다. 우리 주변에서 쉽게 볼 수 있는 90 여 종 곤충들의 생태를 200여 컷의 사진으로 실었다.

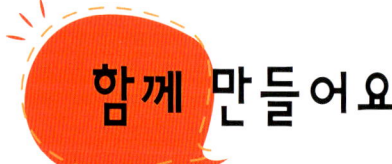 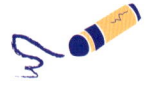

1.

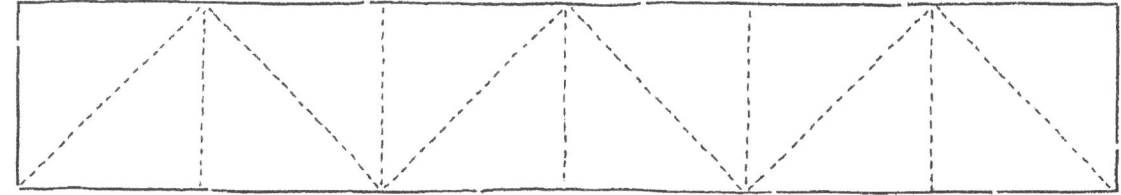

⬆ 6면접기 방식으로 종이를 접은 다음, 1면씩 대각선으로 접어 주면 쉽게 만들 수 있다.

2.

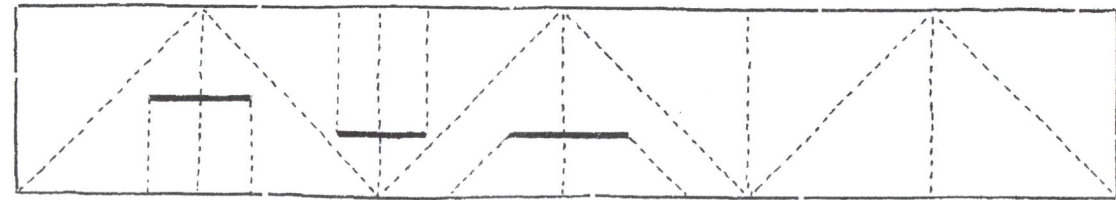

⬆ 그림에서 굵게 그어진 선들을 잘라준다.

3.

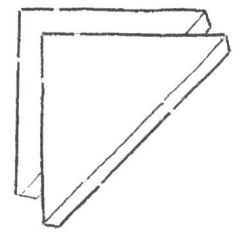

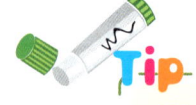 **Tip**

팝업을 만들 때에는 선들이 구겨지면 완성도가
떨어지므로 종이를 접을 때에는 본 폴더를 이용
하여 깔끔하게 제작한다.

⬆ 하드커버를 만들 때에는 내지보다 0.3㎜
크게 제작한다.

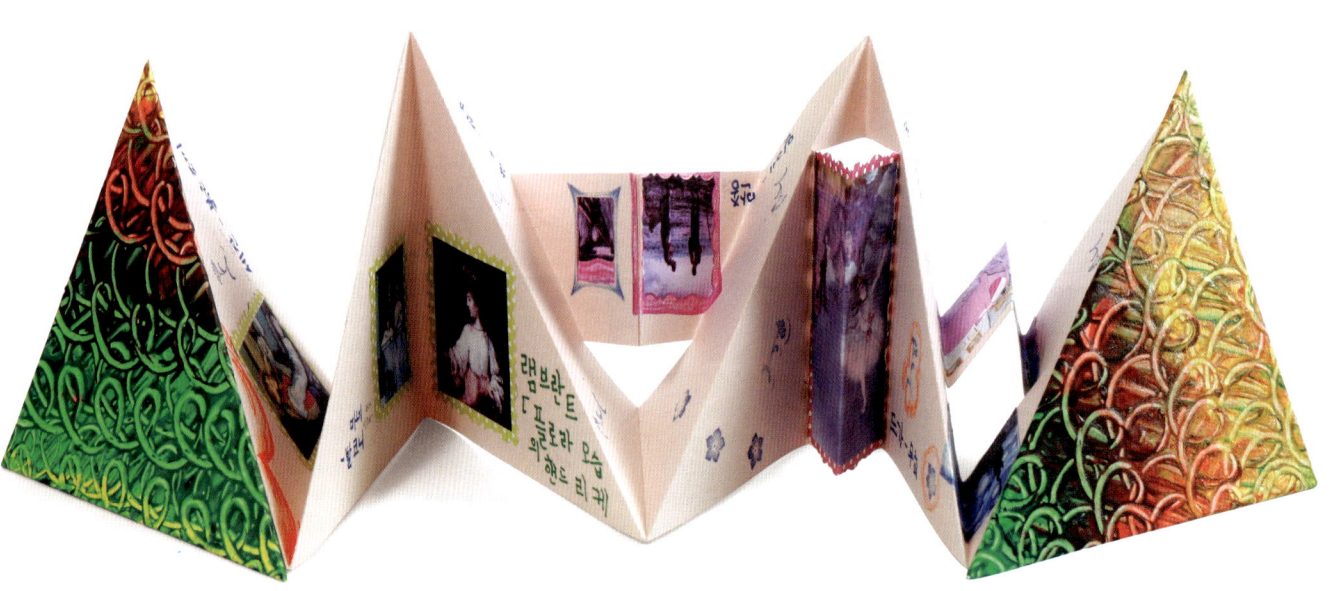

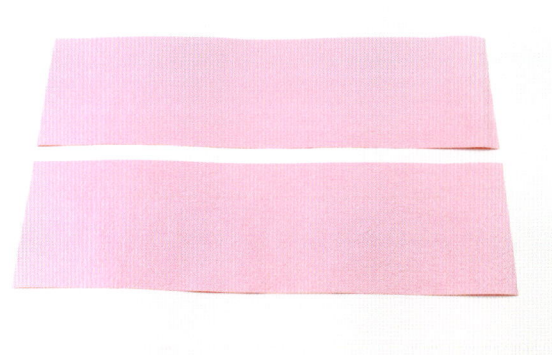

1. 같은 크기의 종이를 2장 준비한다.

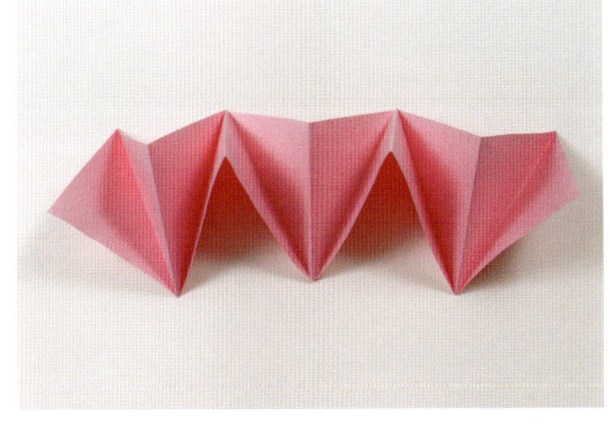

2. 종이를 6면접기 한 다음, 그림과 같이 되도록 6면을 대각선으로 한 번씩 엇갈려 접는다.

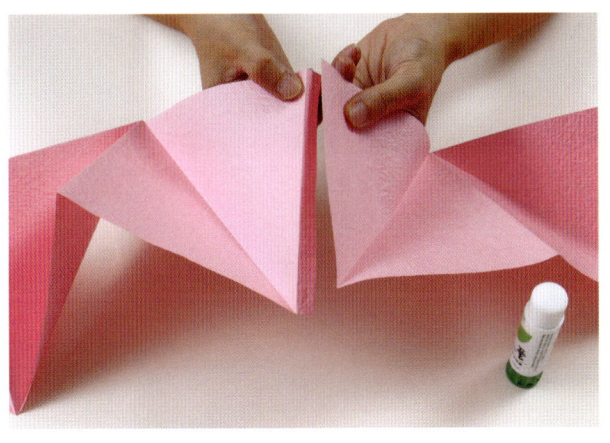

3. 짧은 종이를 그림과 같이 2장 이어 붙인다.

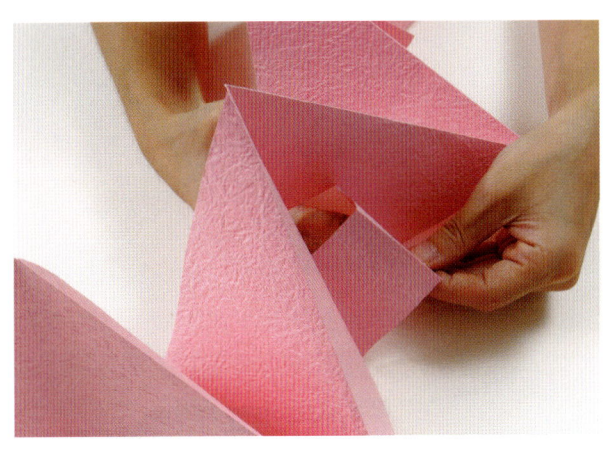

4. 그림처럼 팝업이 될 수 있도록 위치를 만들어 준다.

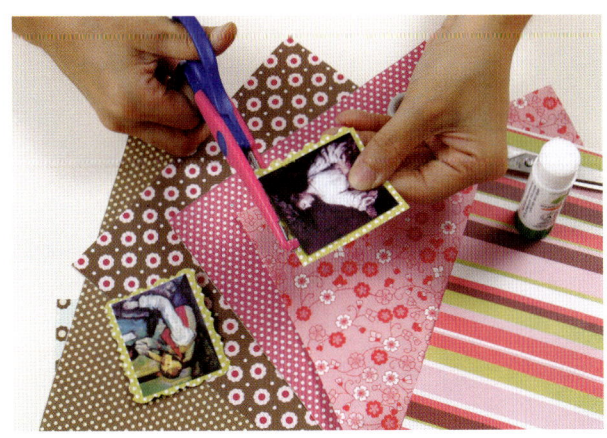

5. 붙여 줄 이미지들을 준비해 둔다.

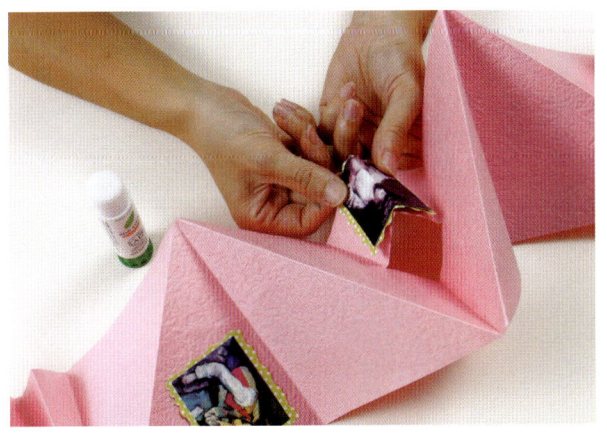

6. 준비해 둔 이미지로 예쁘게 꾸며 준다.

응용해 보세요

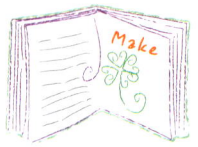

사과나무

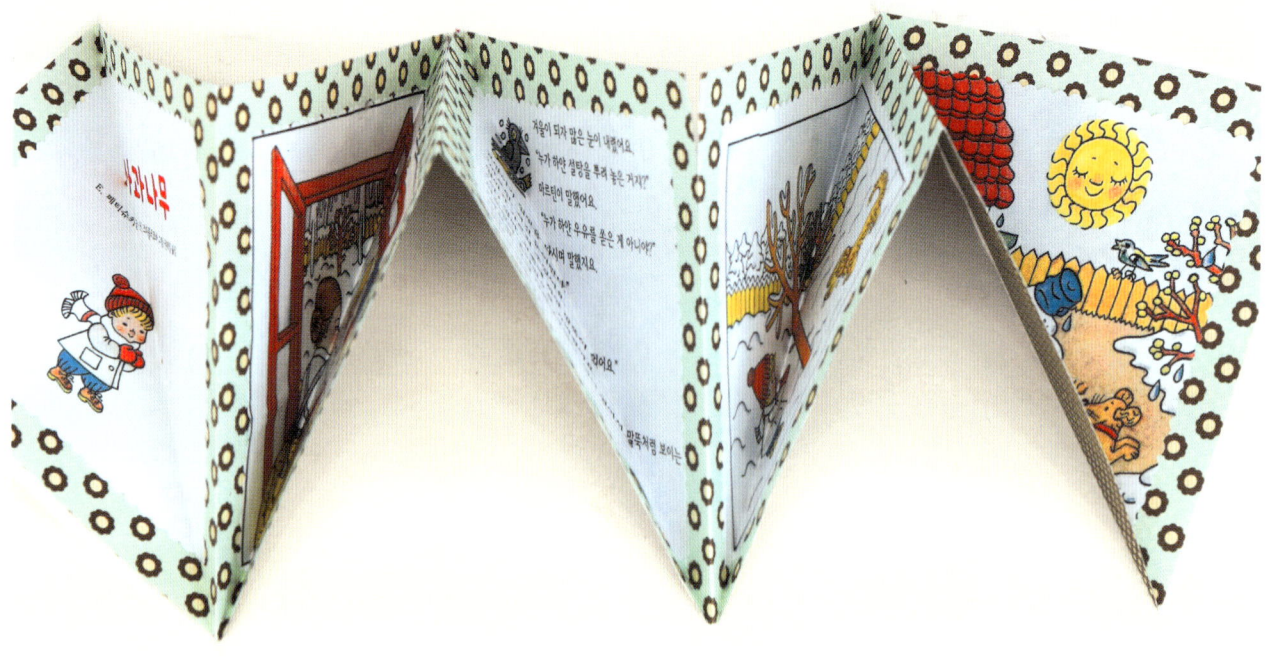

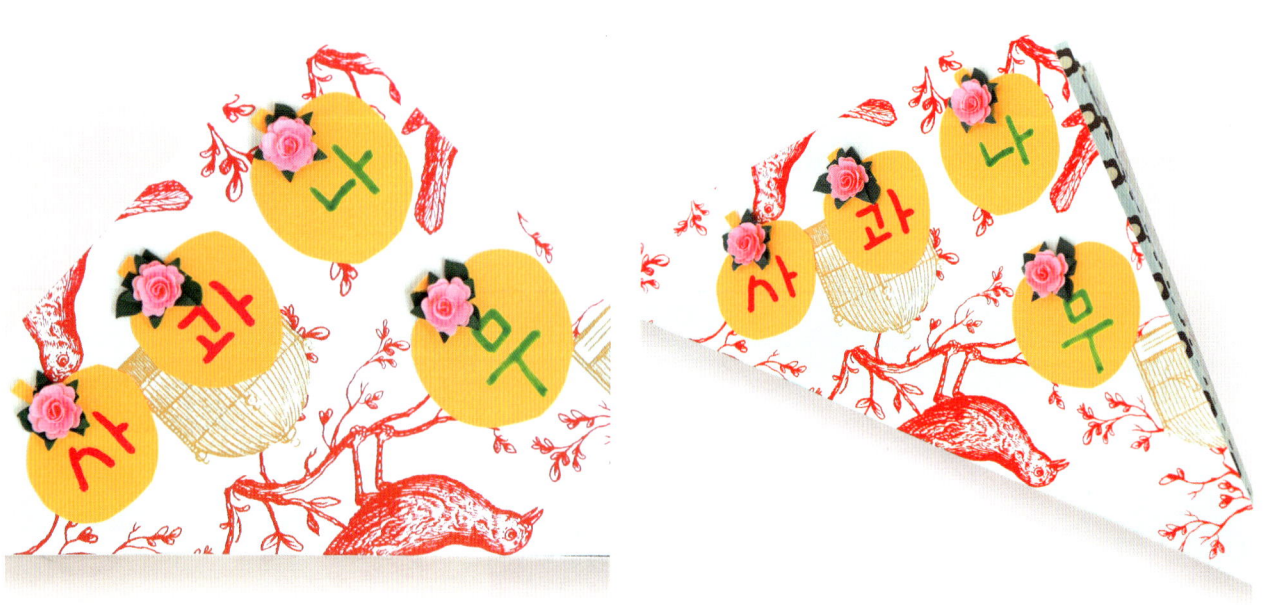

나의 마음

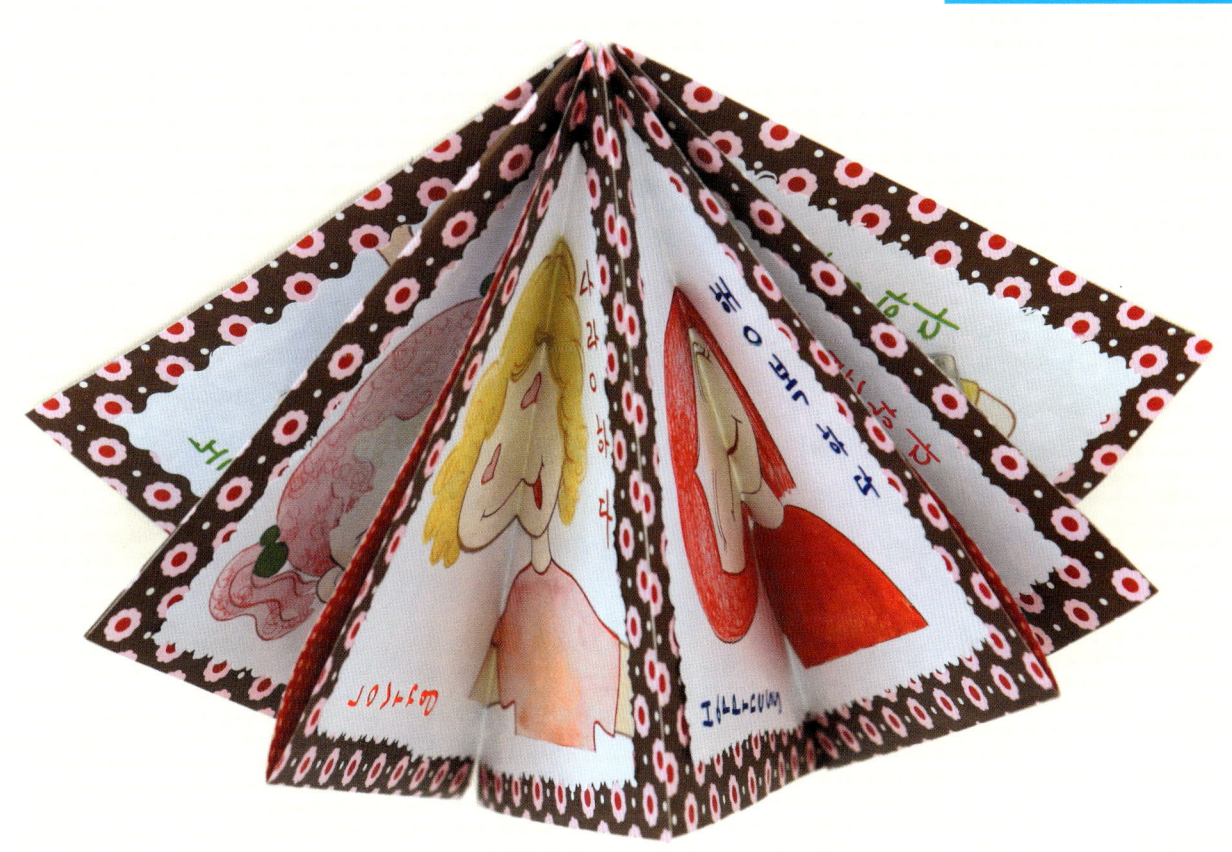

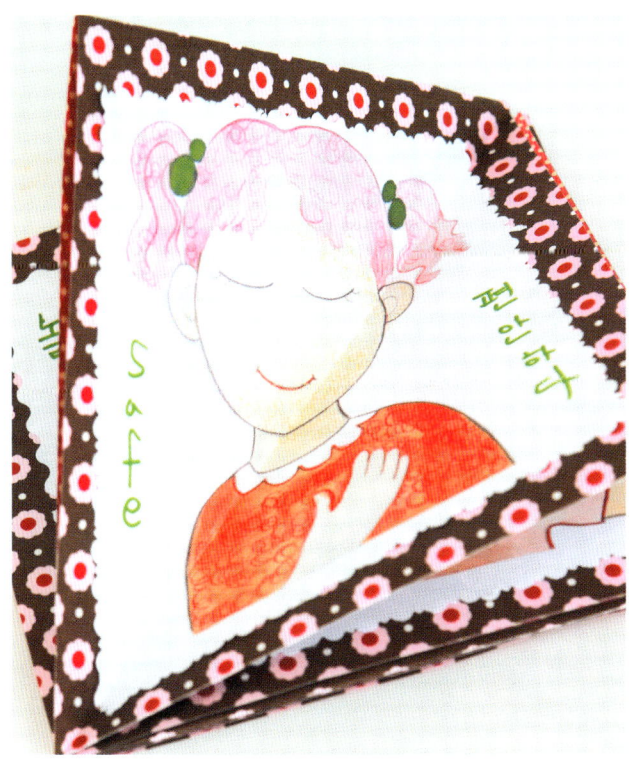

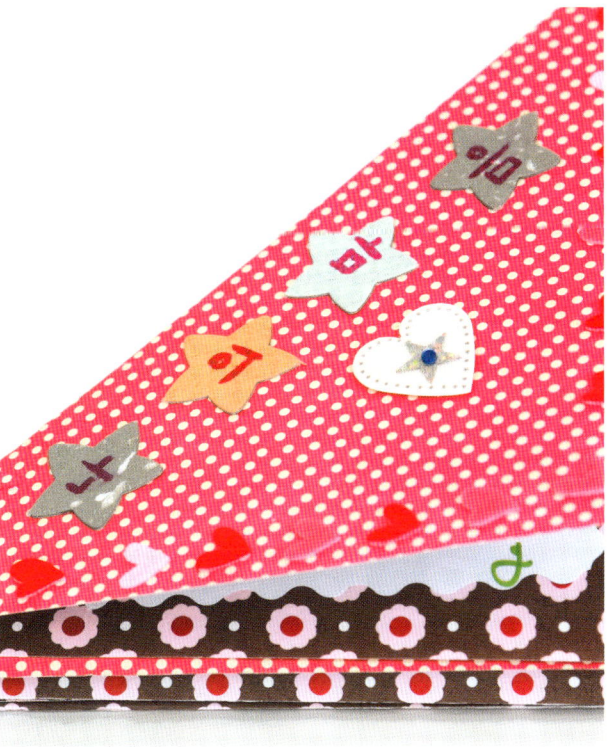

07 | 3단 깃발

Making books for Children

여러 가지 나뭇잎 탁본하기

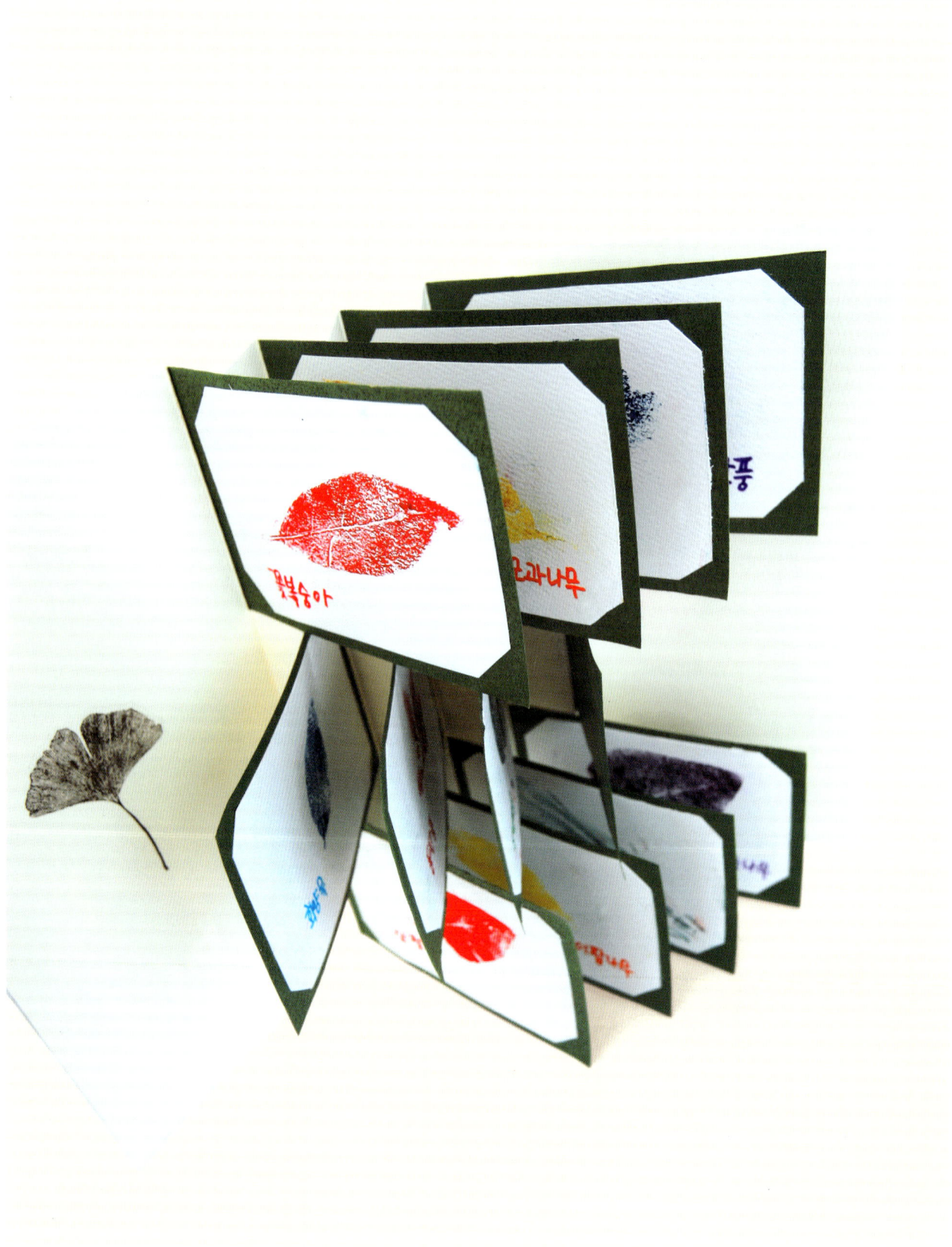

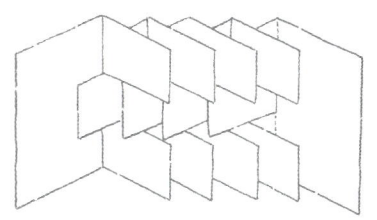

기본구조	• **3단 깃발 방식**_ 미국의 헤디 카일 선생님이 개발한 이 방식은 낱장의 종이를 이용해 한 권의 책으로 훌륭히 만들 수 있는 방식으로 전 세계에서 가장 많이 사용하는 방식 중의 하나이다.
주 제	• 여러 가지 나뭇잎 탁본하기
준 비 물	고체풀, 가위, 자, 색도화지(15㎝ × 40㎝) 1개 (9.7㎝ × 4.7㎝) 12개, 나뭇잎, 물감, 스폰지, 색연필, 스티커 등
관련 및 도움말	• **여러 가지 나뭇잎 탁본하기**_ 계절별 다양한 나뭇잎을 조사하여 탁본을 하면 각 식물의 모양과 시들지 않은 모습을 계속 볼 수 있으므로 좋은 자료가 된다. • **다양한 직업**_ 다양한 직업층에 대해 얘기해 보고, 직업과 직업의 특성에 대해 적고, 그림으로 그린다. • **과일과 과일 단면**_ 우리 주변에는 다양한 과일들이 많이 있고, 거의 매일 먹는다. 이러한 과일을 한 사람당 하나씩 가지고 와서 형태를 그립니다. 또 그 과일의 단면을 그리고, 냄새와 느낀 점, 맛 등을 기록해 본다.
활동목표	• 식물 채집한 자료들을 서로 비교하여 잎의 모양을 표현할 수 있다. • 다양한 잎을 오래 보관할 수 있게 탁본을 할 수 있다.
난 이 도	**상** 중 하
지도방법	1 채집한 잎을 서로 비교해 보고, 어떤 나무인지 이야기한다. 2 물감을 붙여 탁본을 하고, 뒷면에는 나무 이름을 적어 놓는다. 3 3단 깃발 방식을 만들어 탁본한 종이를 붙여 본다. 4 앞 커버와 뒷 커버에 끈을 달아 묶으면 사방에서 감상할 수 있는 책이 완성된다.
제작시 유의사항	• 이 방법은 2단, 3단, 4단, 5단 등 단수를 자유롭게 만들어서 큰 실지물과 같은 책노 만들 수 있다. • 이 책의 장점은 낱장의 종이를 붙여서 책으로 완성하는 것으로 잘못 만들었을 경우 내지를 쉽게 교환해 줄 수 있다.
평가관점	1 내용을 충실히 조사하여, 과일과 과일의 단면 그리기 표현이 올바르게 잘 되었는지 확인한다. 2 2단 깃발 방식과 마찬가지로 페이지의 앞, 뒤가 바뀌지 않았는지도 확인한다.
참고자료	• **보리 어린이 식물도감(보리)**_ 이 책은 초등학교 교과서에 나와 있는 120여 가지의 식물 이야기로 꾸며져 있다. • 그 외에도 다양한 출판사에서 어린이 식물도감과 어린이 도감도 아이들이 알아야 할 다양한 식물 및 나무에 대한 소개들이 잘 나와 있다.

함께 만들어요

1.

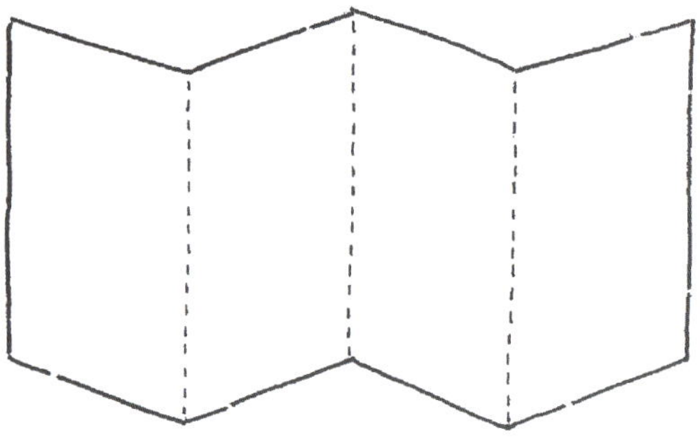

2.

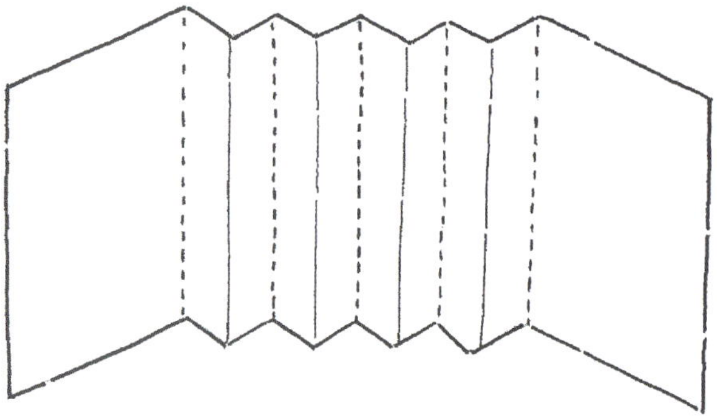

3.

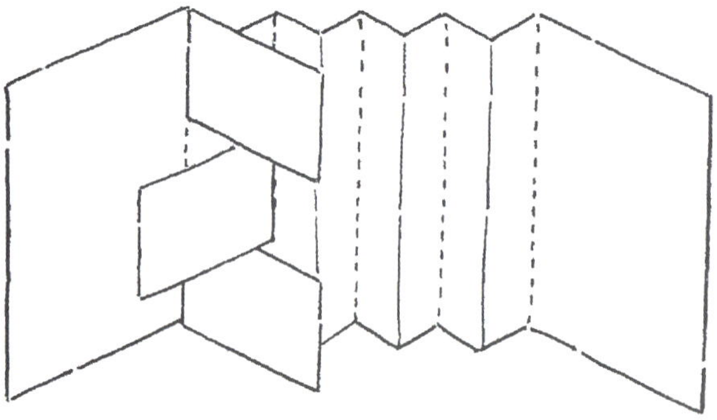

4.

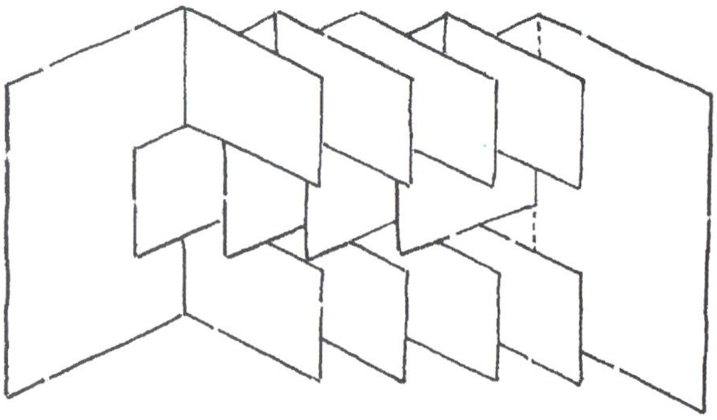

⬆ 종이를 펼쳤을 때 깃발이 잘 펴지도록 엇갈려
    깃발을 붙인다.

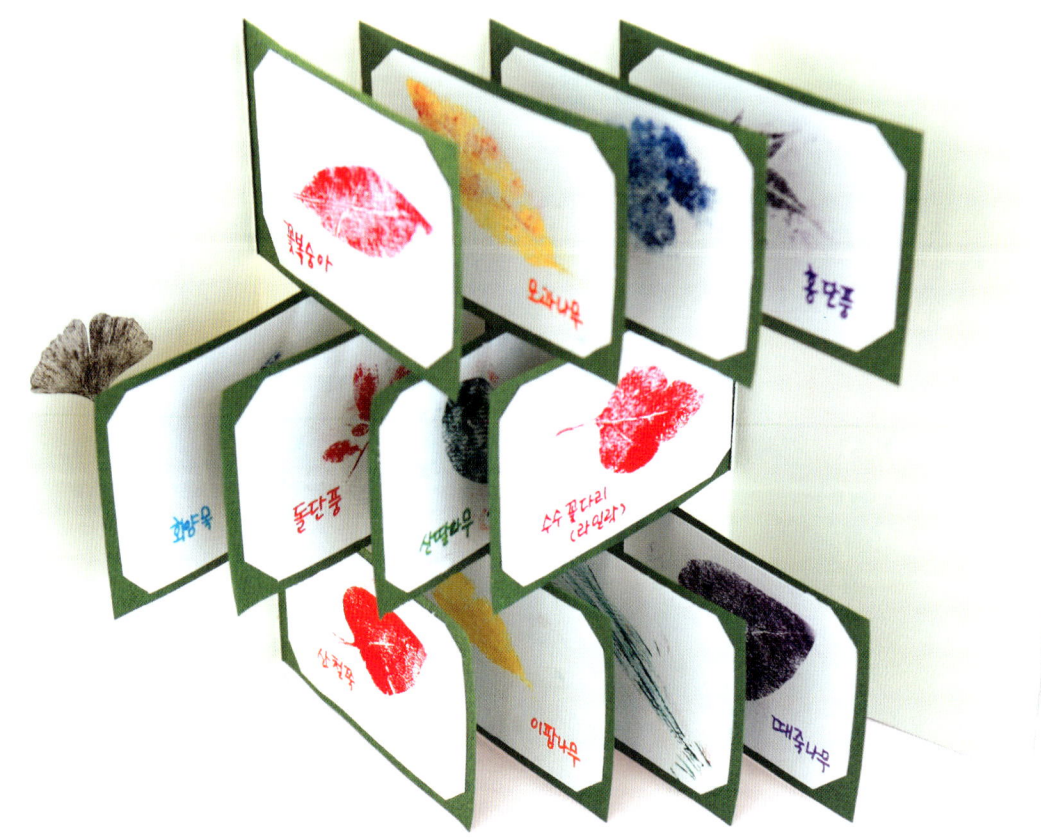

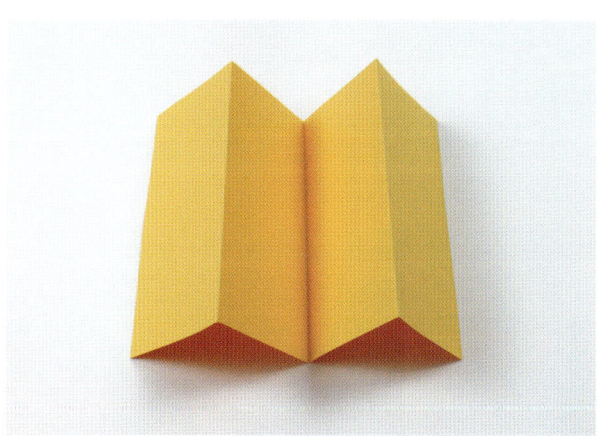

1. 준비해 둔 종이를 4면접기로 접어 준다.

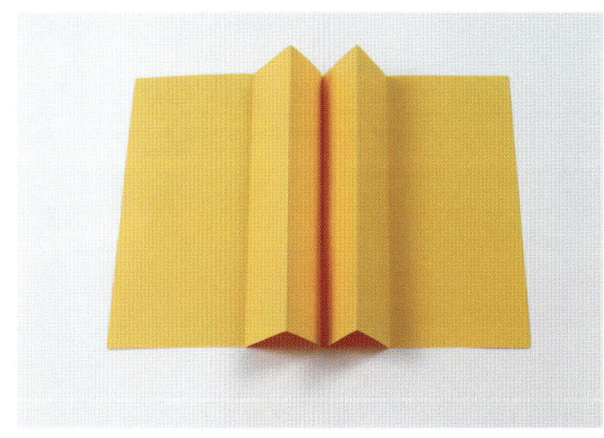

2. 표지를 만들 앞뒤를 제외하고, 가운데를 그림과 같이 접어 준다.

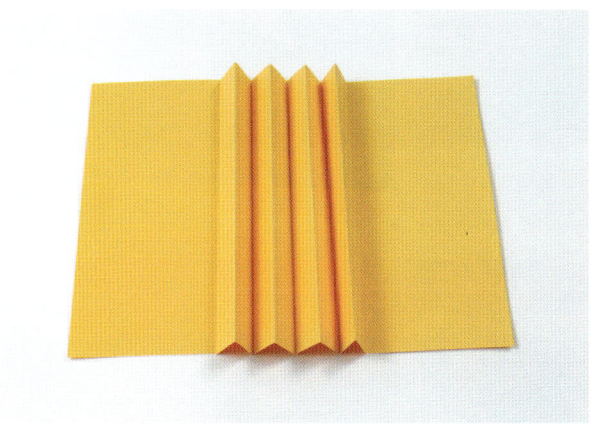

3. 가운데 면은 붙여 줄 종이만큼 만들어 준다.

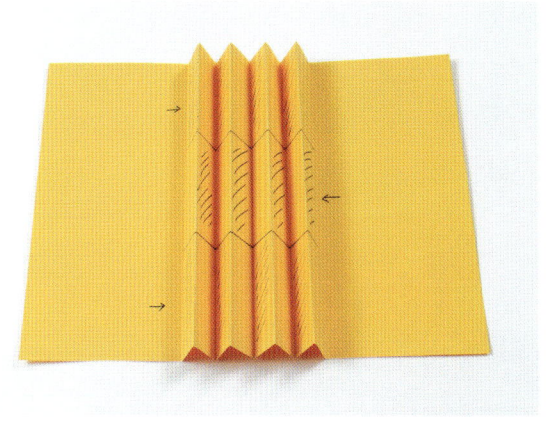

4. 그림의 화살표 방향을 잘 알아 둔다.

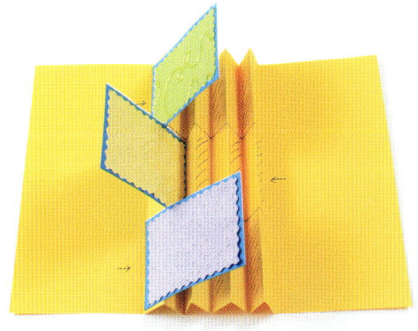

5. 준비해 둔 종이를 방향에 맞추어 잘 붙여 준다.

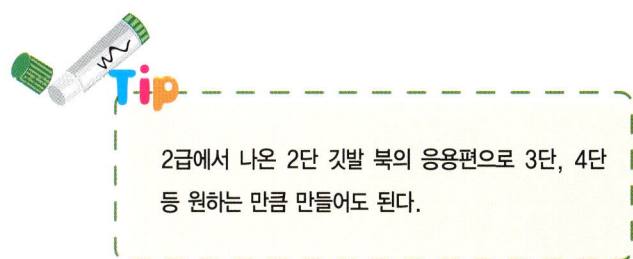

Tip

2급에서 나온 2단 깃발 북의 응용편으로 3단, 4단 등 원하는 만큼 만들어도 된다.

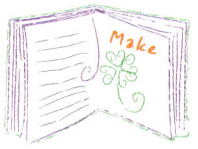

응용해 보세요

문양

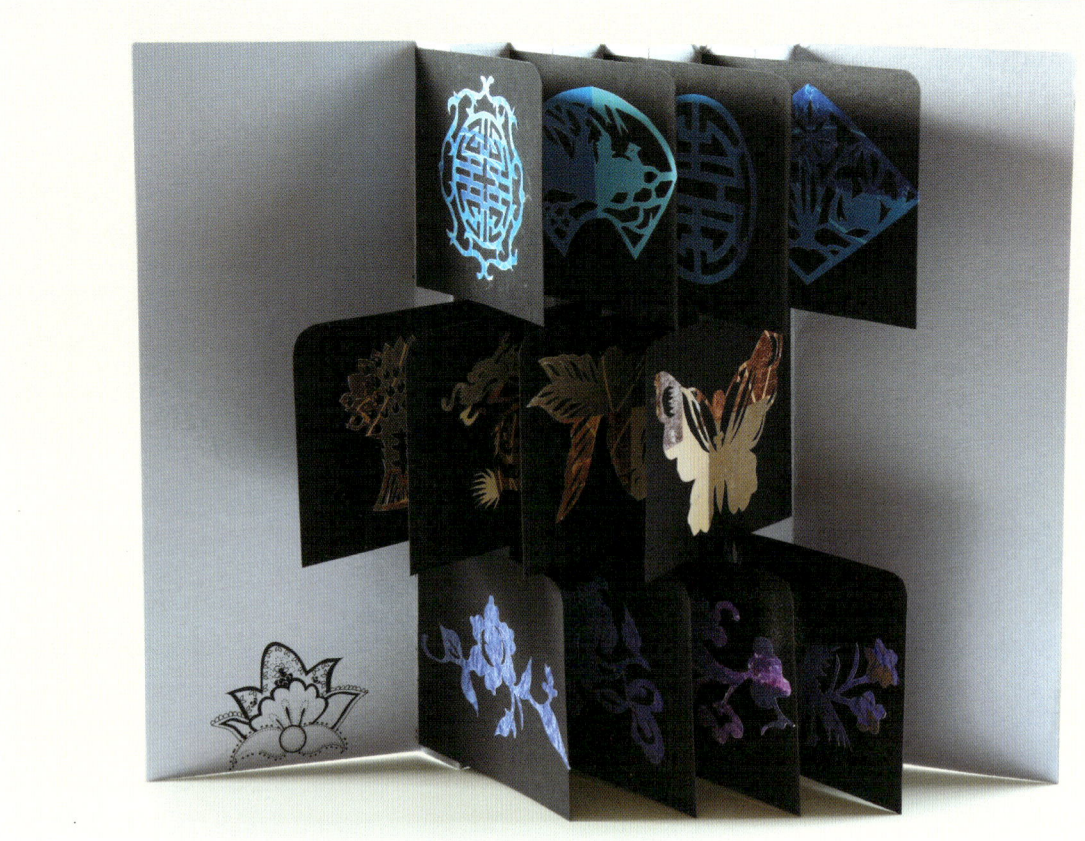

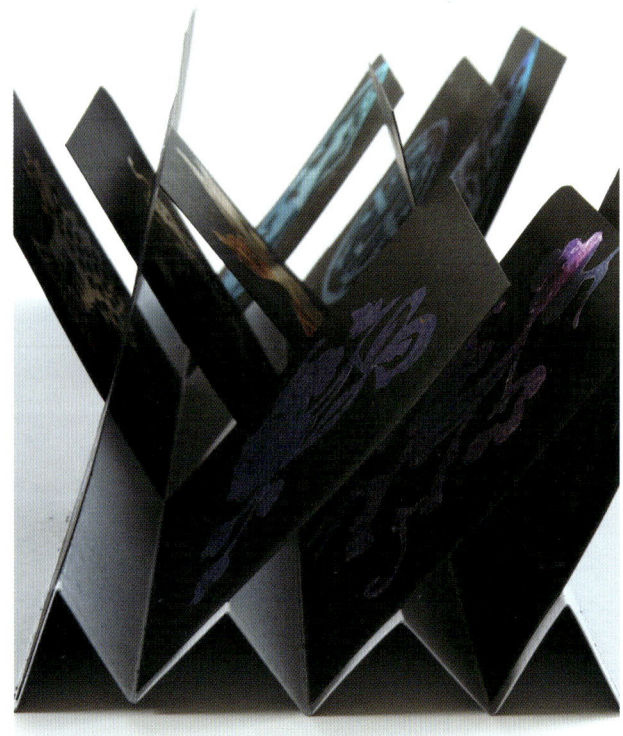

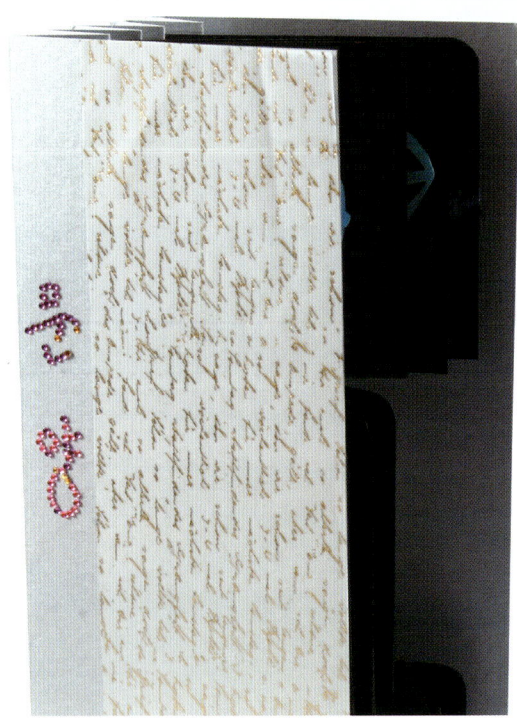

여름과일

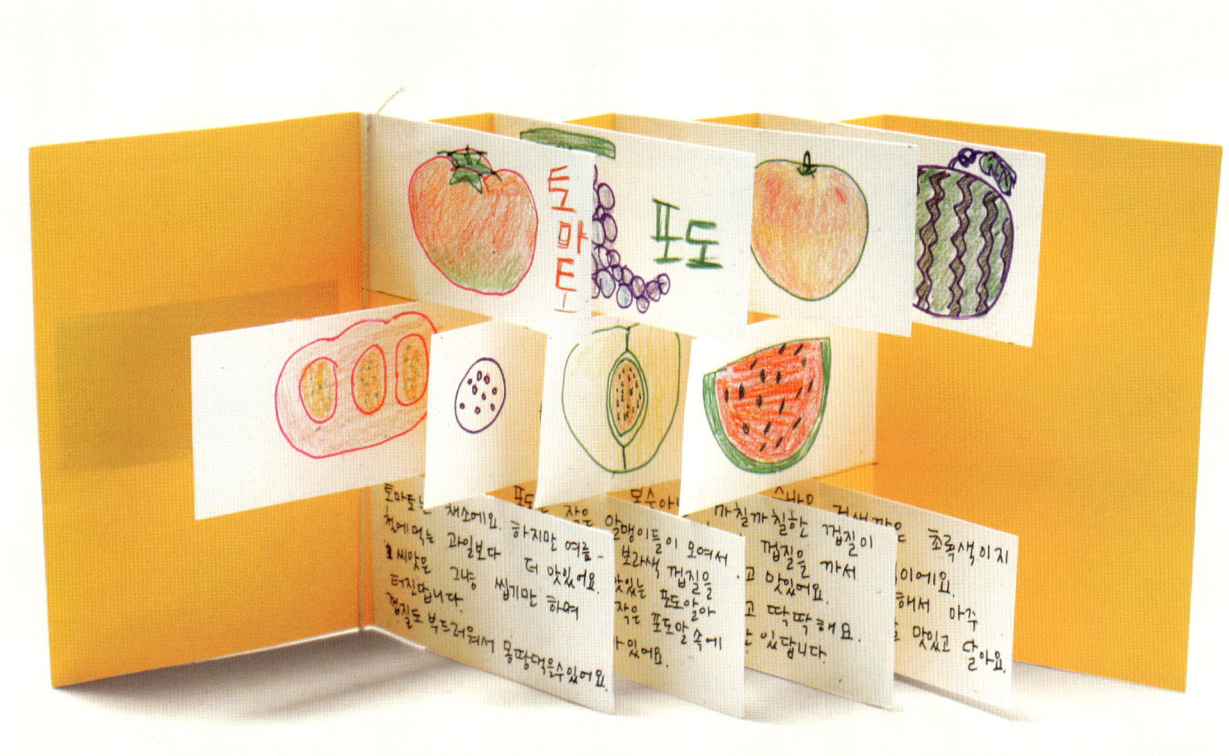

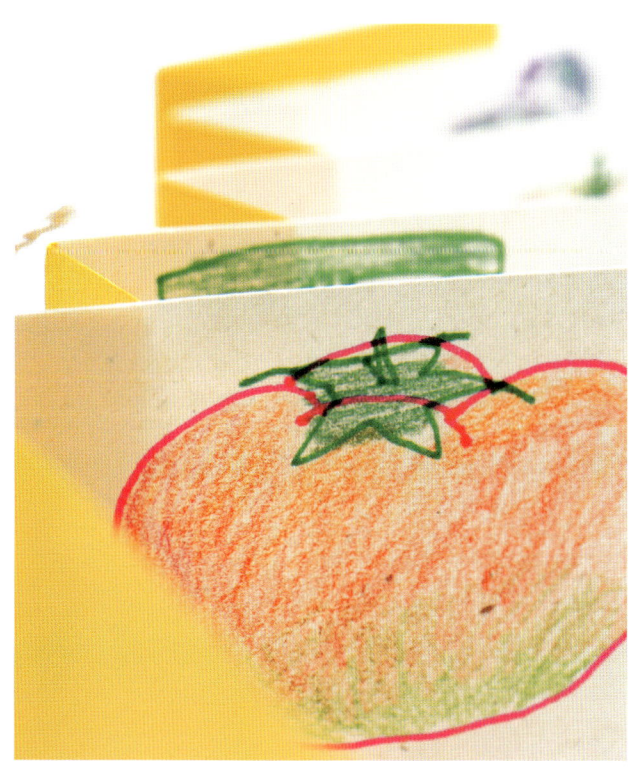

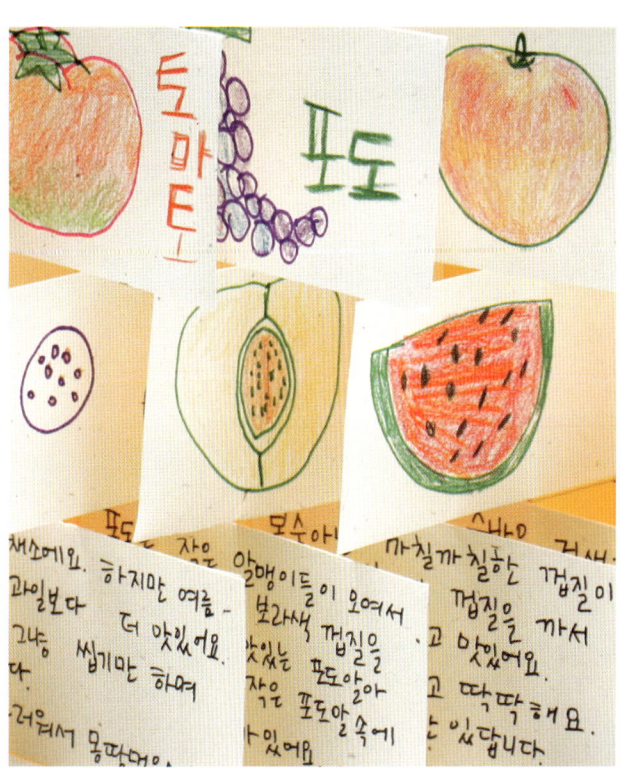

08 | 논 방식(포스터 접지)

Making books for Children

태양 가족

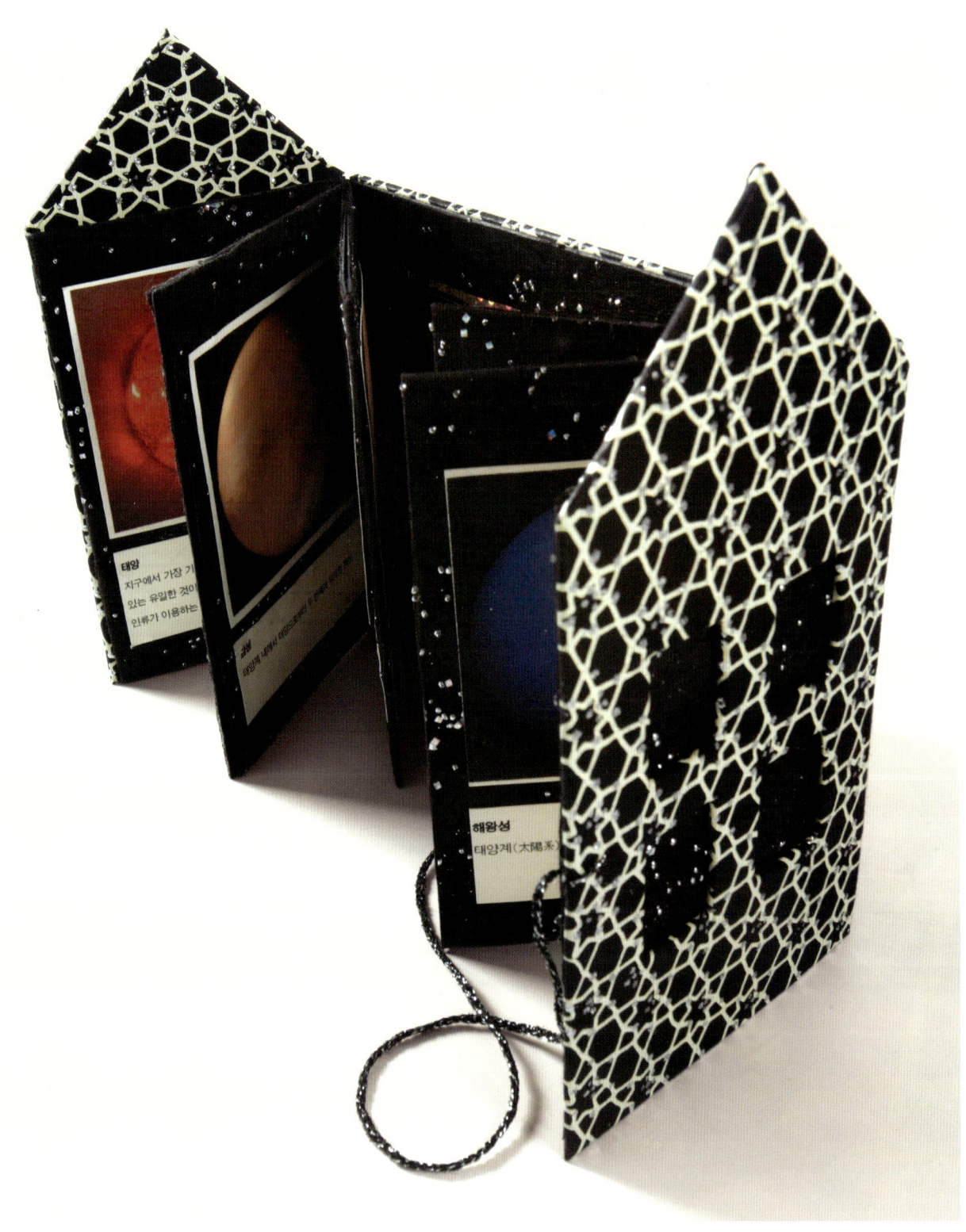

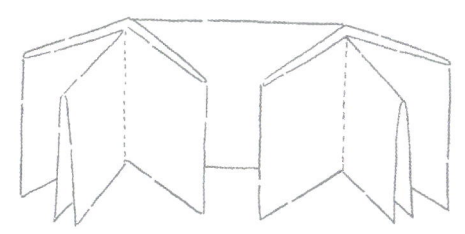

기본구조	• **논 방식(포스터 접지)**_ 하늘에서 바라본 모습이 논처럼 쪼개져 있다고 미국의 스콧 맥카니 선생님이 이름을 붙인 논 방식이다.
주 제	• 태양 가족
준 비 물	고체풀, 가위, 자, 하드커버, 색도화지(28cm×72cm), 싸인펜, 스티커 등
관련 및 도움말	• **태양 가족**_ 태양계는 수성, 금성, 지구, 화성, 목성, 토성 등 총 8개의 행성으로 구성되어 있다. 각각의 특성과 위치를 알아본다. • **가보고 싶은 나라**_ 가 보고 싶은 나라 또는 가 본 나라 중 한 나라를 선택해서 언어, 종교, 인구 수, 기후, 화폐 단위 등을 조사하고, 풍경 사진 등과 함께 책으로 만든다.
활동목표	• 태양계의 순서와 각 행성의 특징에 대해 설명할 수 있다.
난 이 도	상 **중** 하
지도방법	1 태양계의 8개의 행성 특징을 조사한다. 2 각 행성에는 어떤 특성을 가지고 있으며, 어떤 모양을 하고 있는지 자료를 조사한다.논 3 방식을 만드는데 저학년의 경우 하드커버는 생략한다. 4 조사한 행성들을 붙여 보고, 서로 비교해 본다.
제작시 유의사항	• 이 책 만들기는 2급에서 만들었던 것보다 조금 난이도 있는 방법으로 양쪽으로 열리는 프랑스 문 방식과 비슷한 모습을 하고 있다. • 이 책은 표지를 하드보드로 붙였는데, 저학년의 경우는 하드보드를 붙이지 않아도 된다.
평가관점	1 정확한 위치에 칼선과 접는 선이 들어갔는지 확인한다.
참고자료	• **신기한 스쿨버스**_ 화학의 원리, 사막에 사는 동물들의 생태, 거미의 생태, 물에 뜨고 가라앉는 원리, 단열의 원리, 소리의 원리, 미생물, 컴퓨터의 원리, 인체의 신비, 힘의 원리 등에 대해 재미있게 설명함. • **학습 만화 〈Why〉 시리즈**_ 갯벌, UFO, 미생물, 교통 등 다양한 30여 가지의 주제가 각 권에 담겨 있다. 만화 형식으로 1 ~3학년이 보기에 가장 적당하다.

함께 만들어요

1.

2.

▶▶ 가운데 선만 칼선을 넣어 주고, 모양과 같이 접어 준다.

3.

4.

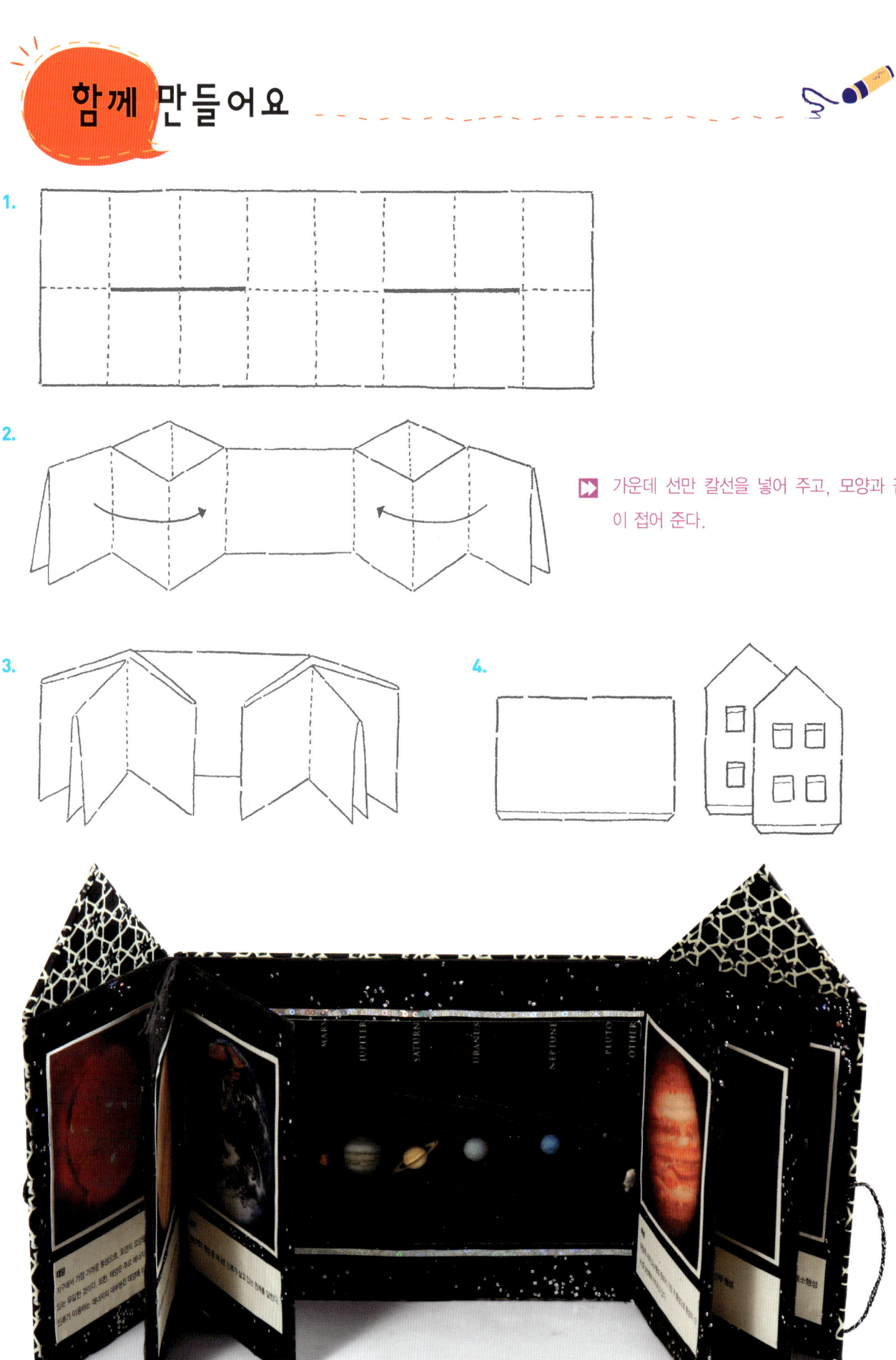

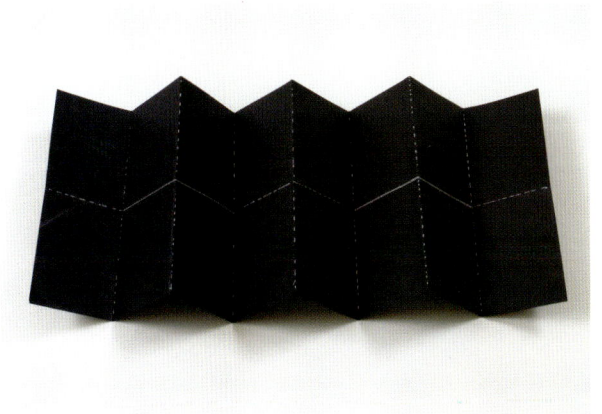

1. 8면접기를 한 종이를 그림과 같이 반으로 접어 준다.

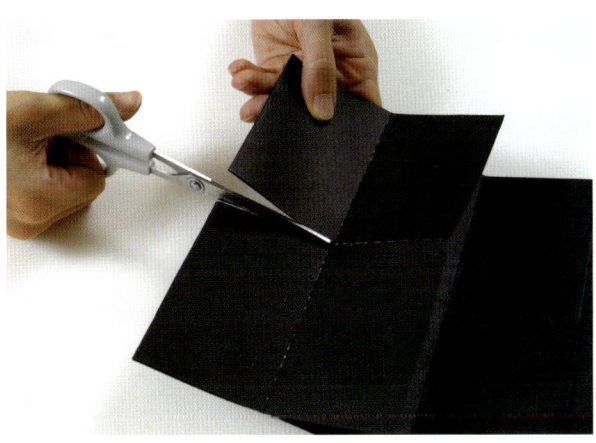

2. 2면과 3면, 6면과 7면을 표시해 둔 선을 따라 오린다.

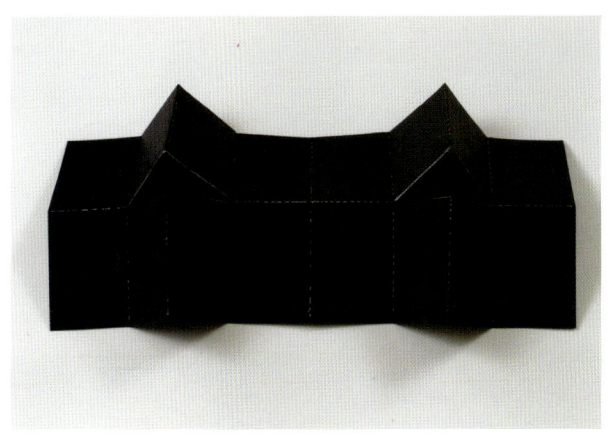

3. 칼집을 내 준 종이를 펼쳐 보면 2, 3면과 6, 7면의 가운데만 벌어져 있는 것을 알 수 있다.

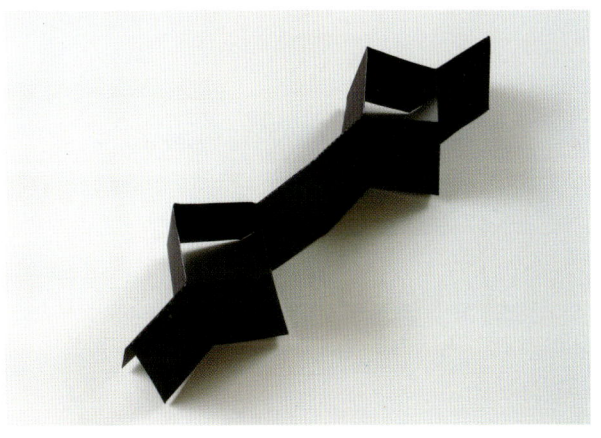

4. 종이를 반으로 접어, 그림과 같은 모양이 된다.

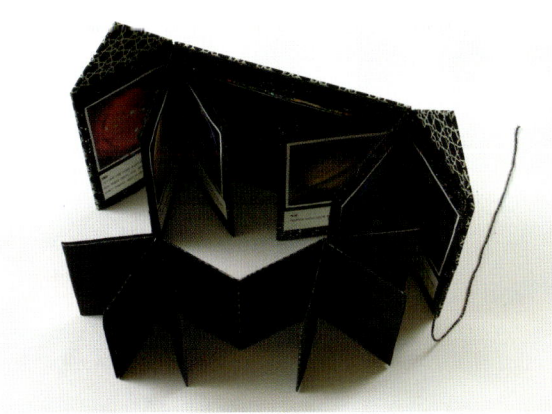

5. 종이를 위 그림처럼 접어 주어 하드커버와 장식을 해 주면 완성된다.

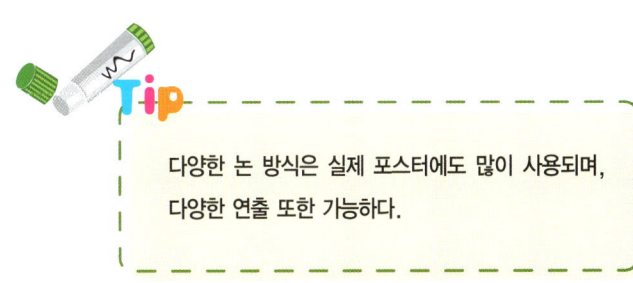

Tip

다양한 논 방식은 실제 포스터에도 많이 사용되며, 다양한 연출 또한 가능하다.

응용해 보세요

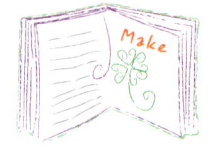

빨간부채 파란부채

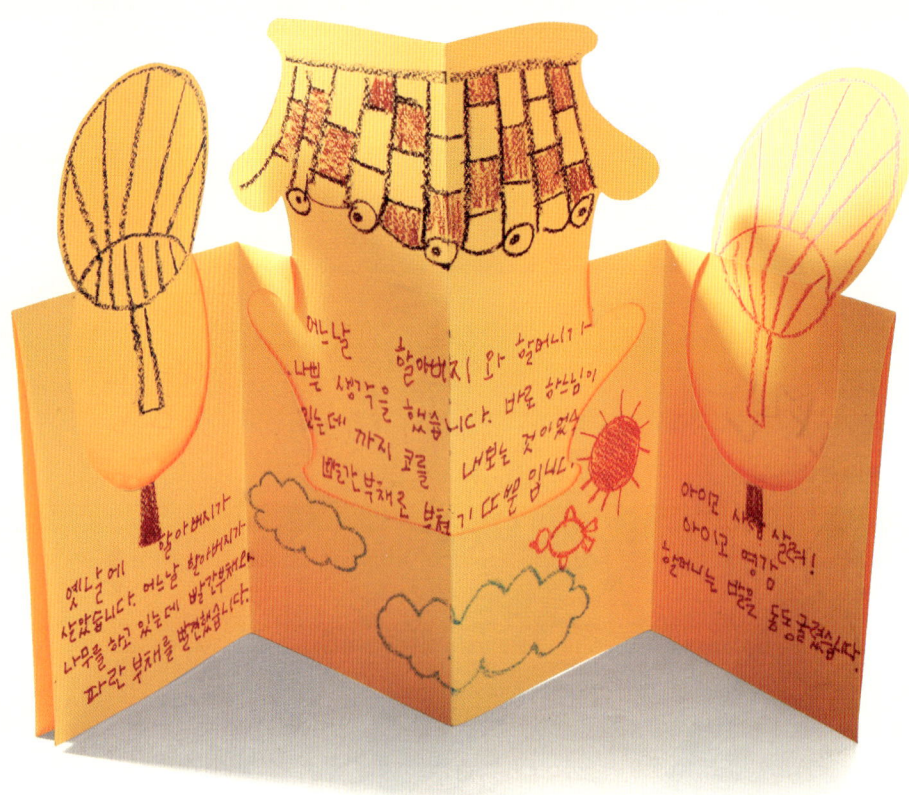

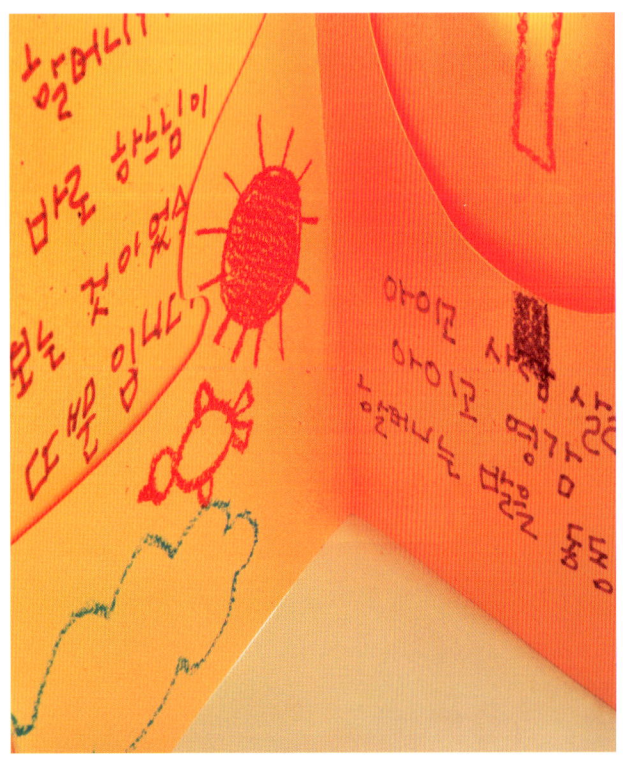

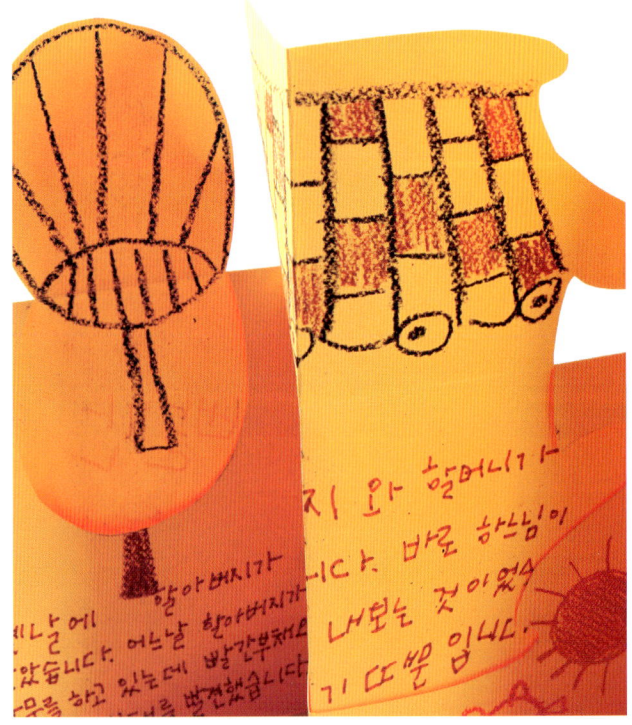

스탬프 북

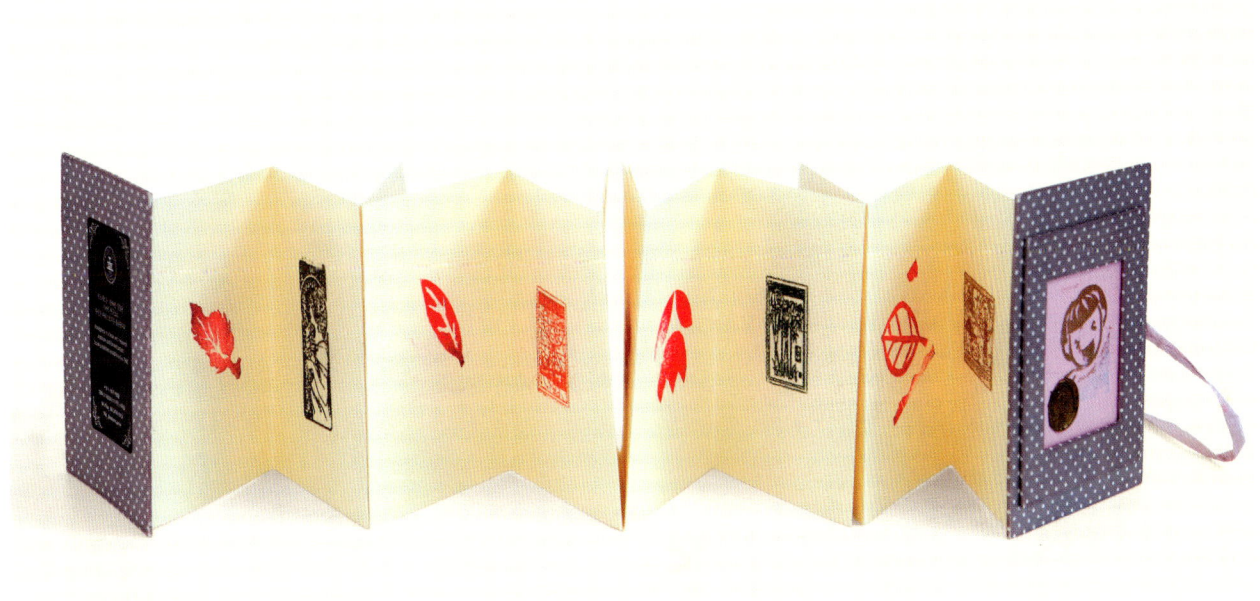

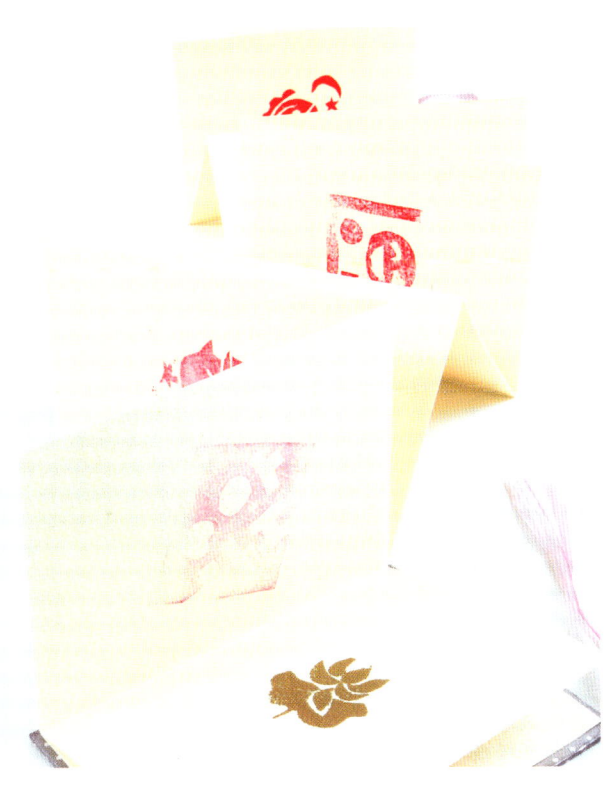

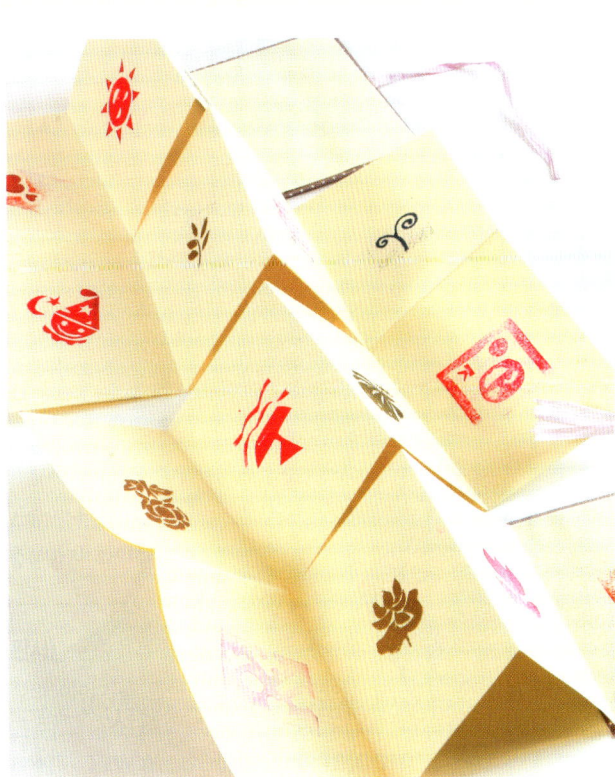

09 | 프랑스 문 방식
Making books for Children

나와 동생의 옷장

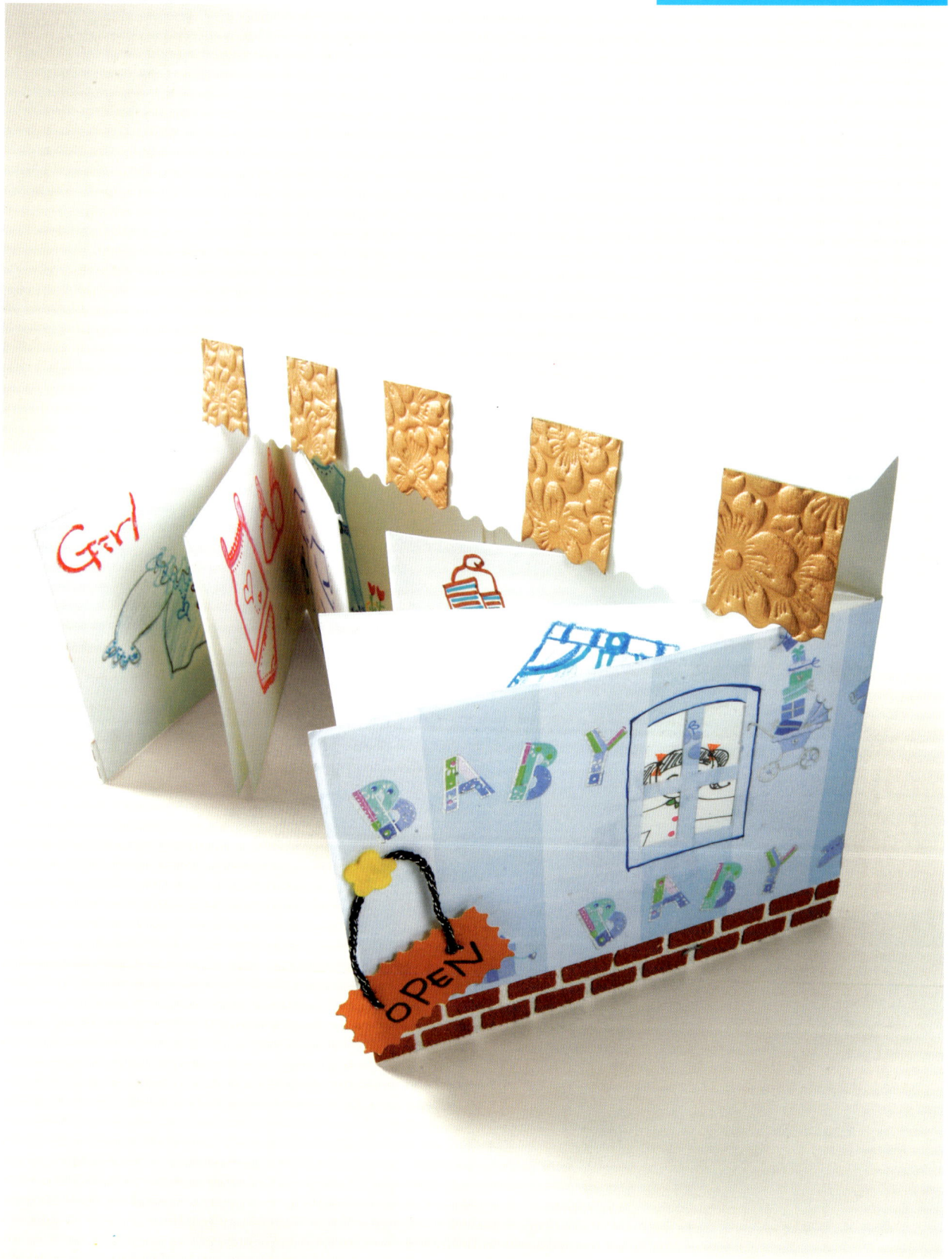

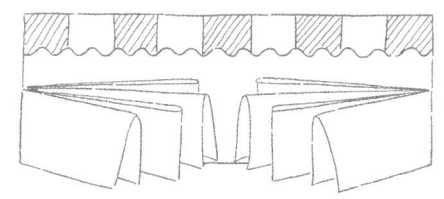

기본구조	• **프랑스 문 방식_** 이 방식은 양쪽으로 열려지는 현관문에서 아이디어를 얻어 만들어진 방식이다. 양쪽에 두 가지 이야기를 담을 수 있다.
주 제	• 나와 동생의 옷장
준 비 물	고체풀, 가위, 자, 색도화지(54cm × 20cm) 2개, 색종이, 물감, 스티커, 싸인펜 등
관련 및 도움말	• **나와 동생의 옷장_** 나와 남동생 또는 나와 오빠의 옷장 속을 열어 옷들을 보고, 그려서 나만의 옷장을 완성한다. 특히 내가 좋아하는 옷은 앞쪽에 배치한다. • **현재와 과거의 물건 비교_** 현재는 형광등을 이용하지만, 과거에는 등불로 어둠을 밝혔다. 이렇듯 왼쪽 페이지에는 현대의 물건들, 오른쪽 페이지에는 과거의 물건들을 비교하여 그리거나 조사한 자료들을 붙인다.
활동목표	• 내 옷장 속에는 어떤 옷들이 들어 있는지, 엄마나 동생의 옷장에 들어 있는 옷들을 비교할 수 있다. • 내가 가장 좋아하는 옷을 이야기하고, 그려 넣을 수 있다.
난 이 도	상 **중** 하
지도방법	1 내 옷장 속에는 어떤 옷들이 들어 있는지, 내가 가장 좋아하는 옷이 어느 것인지 이야기한다. 2 프랑스 문 방식을 만든다. 3 나의 옷 중에 가장 좋아하는 옷을 생각하며, 그림으로 그리고 오린다. 4 만든 책에 붙여 본다.
제작시 유의사항	• 이 책의 장점은 두 권의 책이 하나로 되어 있는 방식으로 좌측과 우측의 책이 서로를 비교할 때 직접힌지 일어본다. 즉, 과거와 현재의 모습, 남자와 여자의 옷장, 민물과 바다에 사는 물고기와 갑각류 비교 등을 예로 들어 이해를 쉽게 하여 준다.
평가관점	1 양쪽으로 열리는 프랑스 문 방식으로 양쪽 책의 크기가 알맞은지, 열렸다 닫히는 것이 자연스러운지 확인한다. 2 두 가지 이야기를 조사해서 양쪽에 넣을 내용은 충분한지 확인한다.
참고자료	• **다양한 민속박물관_** 직접 견학하여 우리 나라의 주요 생활용품, 농기구 등을 관람하고, 책 만들기에 참조한다.

함께 만들어요

1.

2.

⬆ 칼선을 자를 때는 점선을 넘어가지
않도록 조심해서 자른다.

3.

⬆ 2급 논 방식 구조와 동일하다.

4.

5.

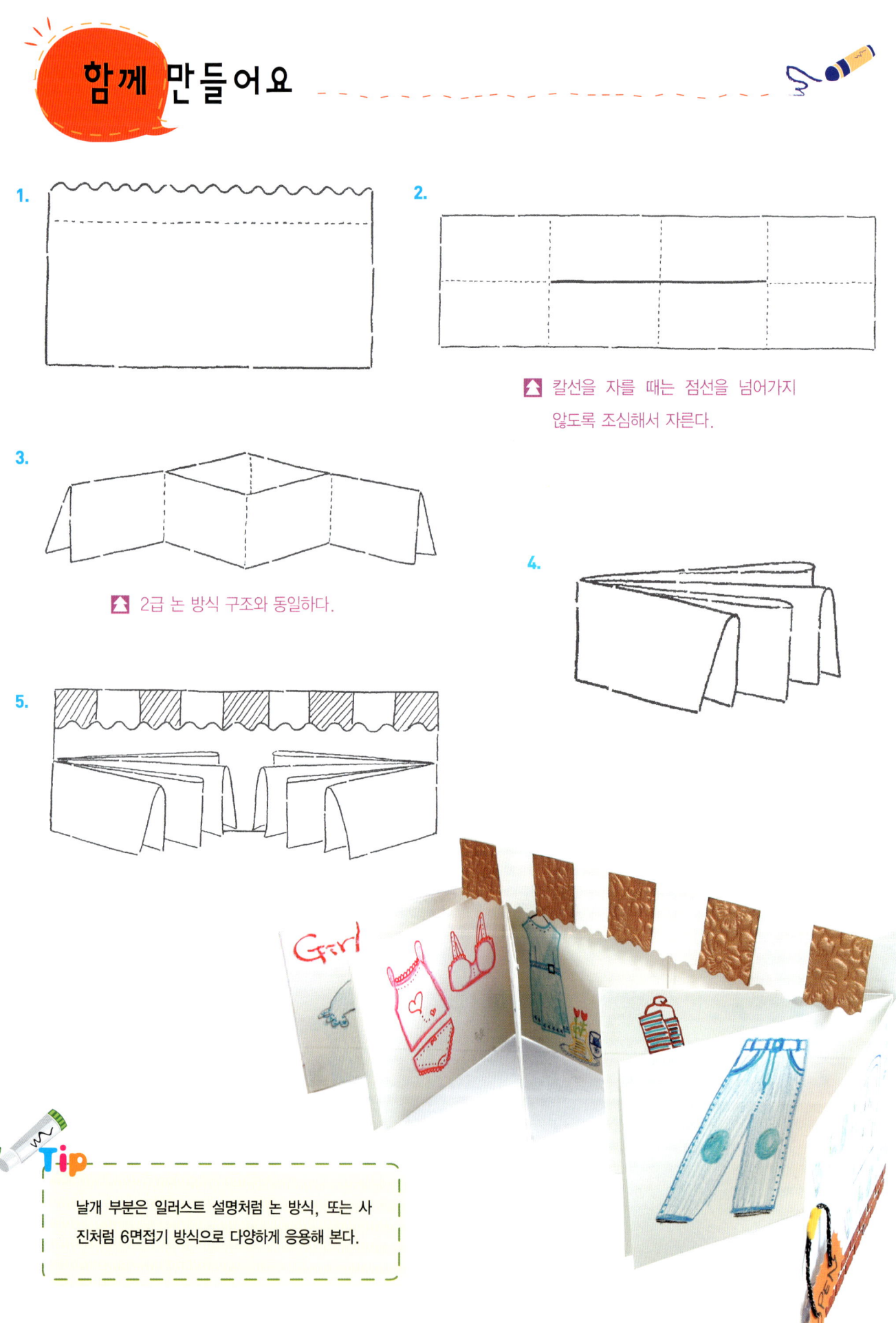

Tip

날개 부분은 일러스트 설명처럼 논 방식, 또는 사
진처럼 6면접기 방식으로 다양하게 응용해 본다.

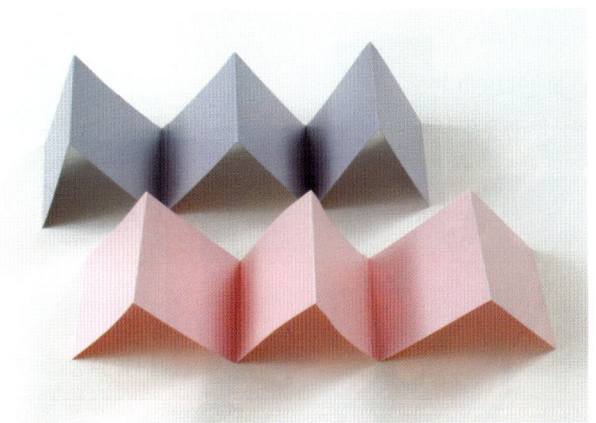

1. 6면접기 방식으로 접은 종이 2장을 준비한다.

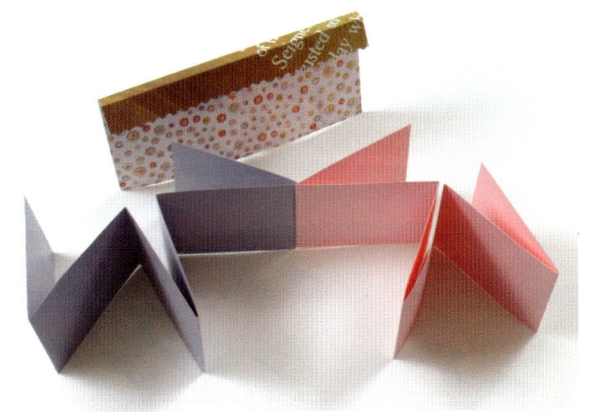

2. 잘라 둔 종이를 그림과 같이 접어 준다.

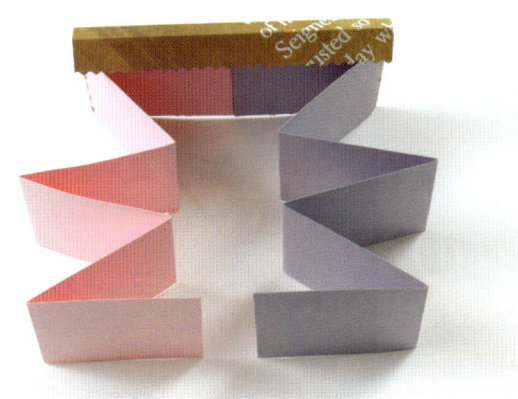

3. 점선을 따라 종이를 접어 주면 위와 같은 모양으로 완성된다.

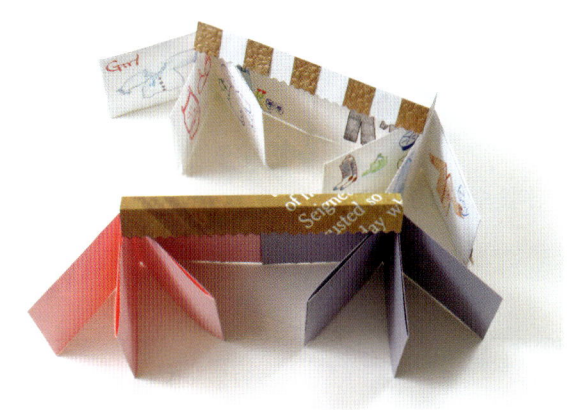

4. 예쁘게 장식을 하면 완성된다.

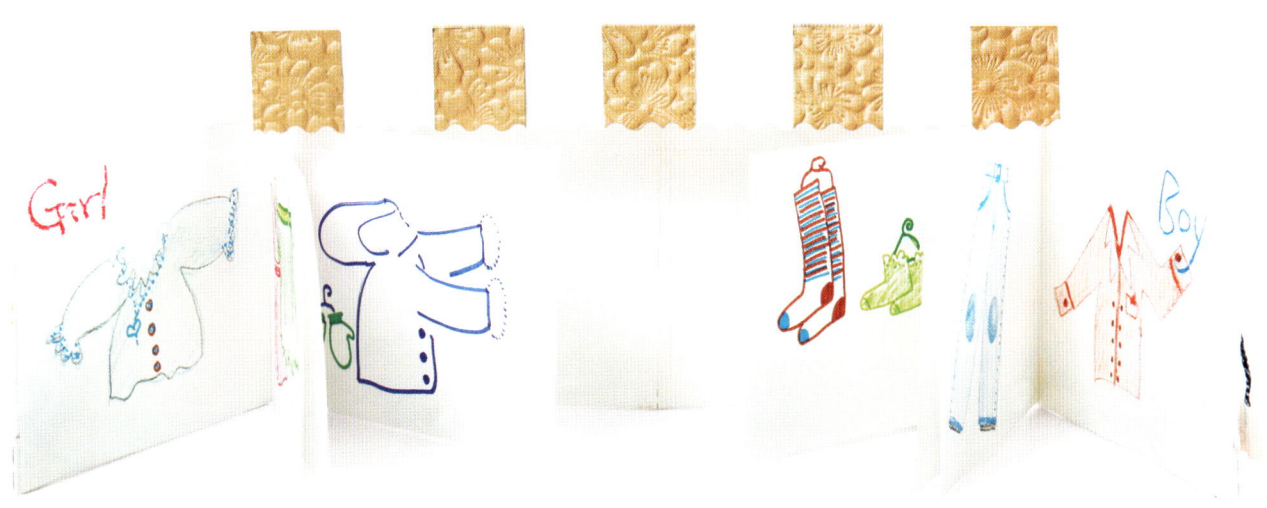

응용해 보세요

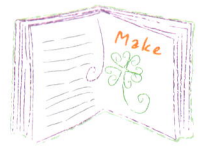

김홍도

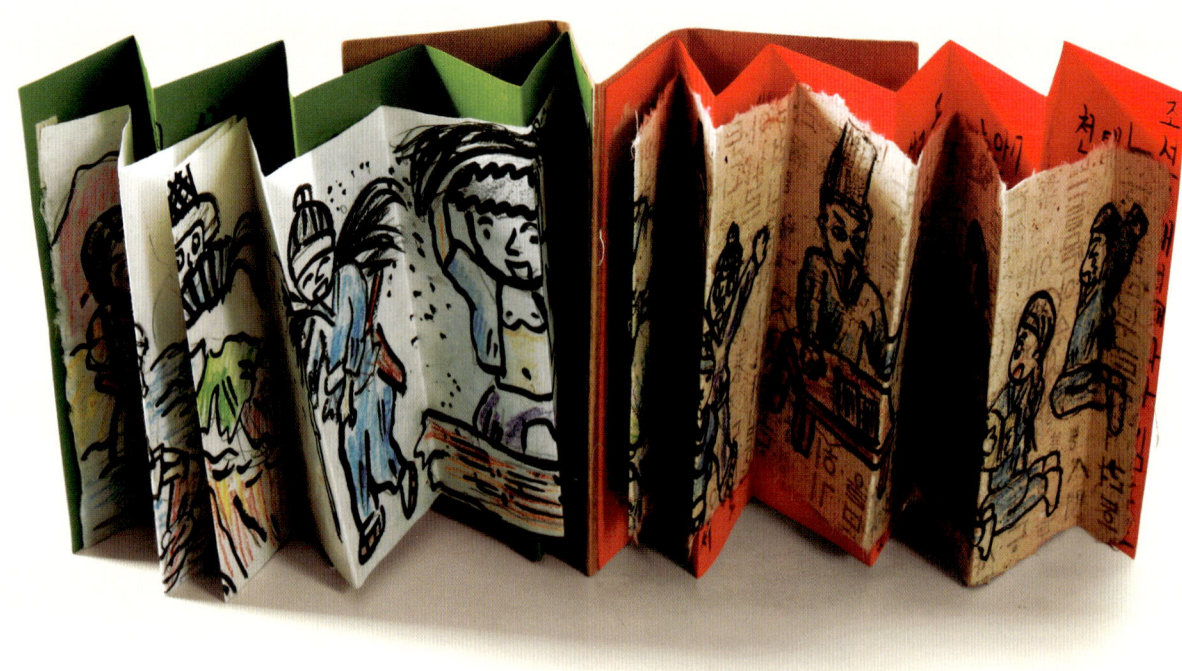

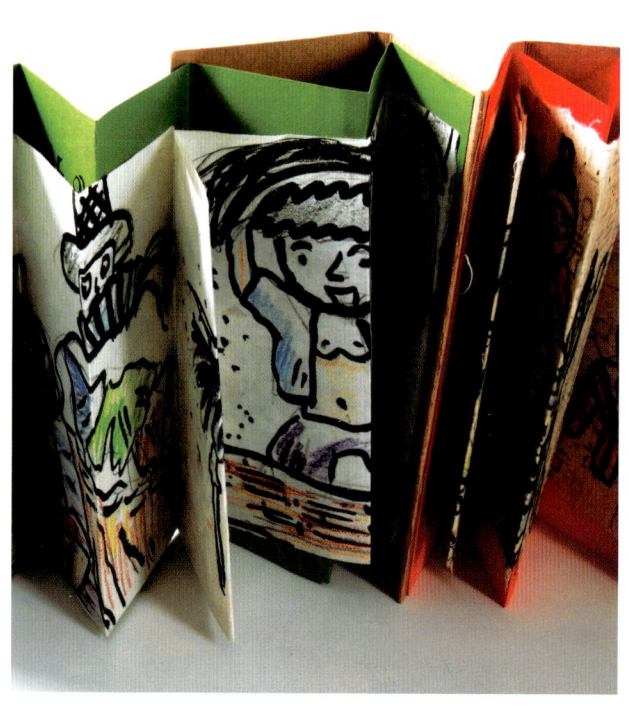

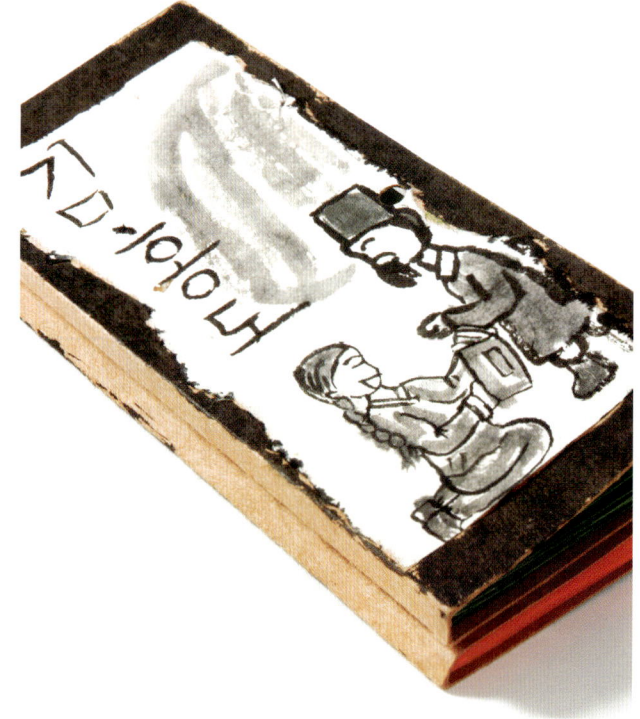

화조도

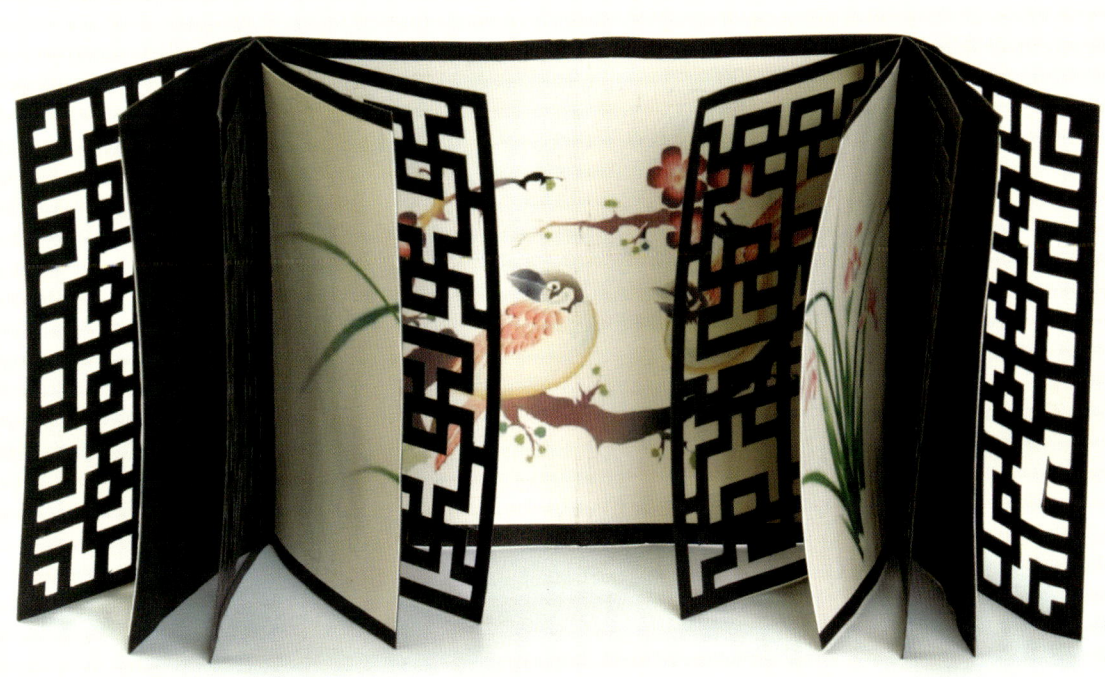

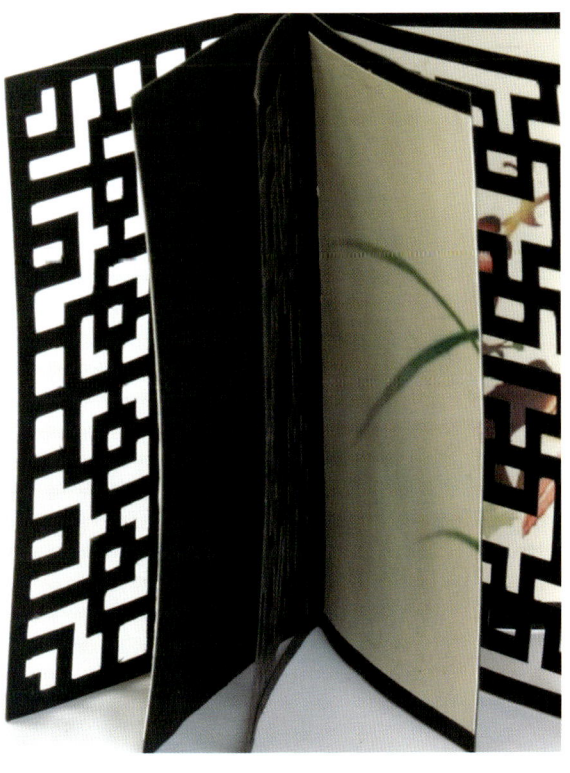

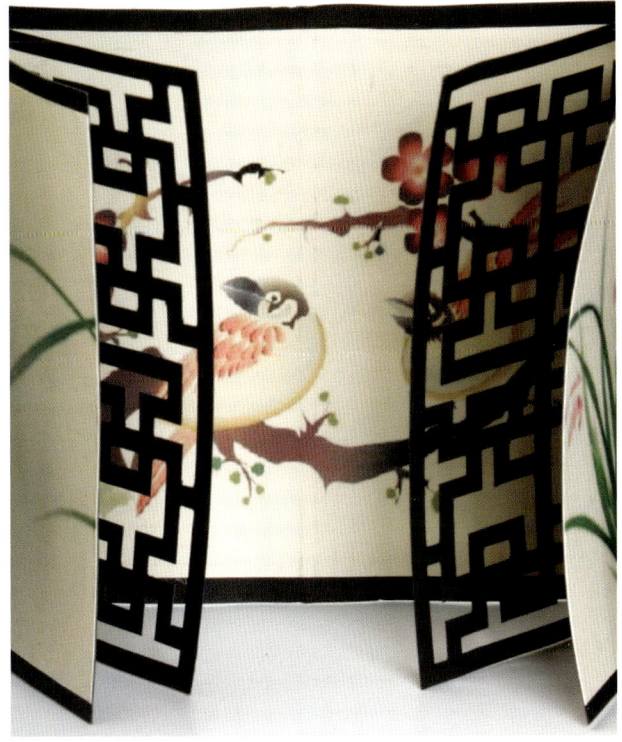

10 | 멀티 북 방식

Making books for Children

12동물(12지)

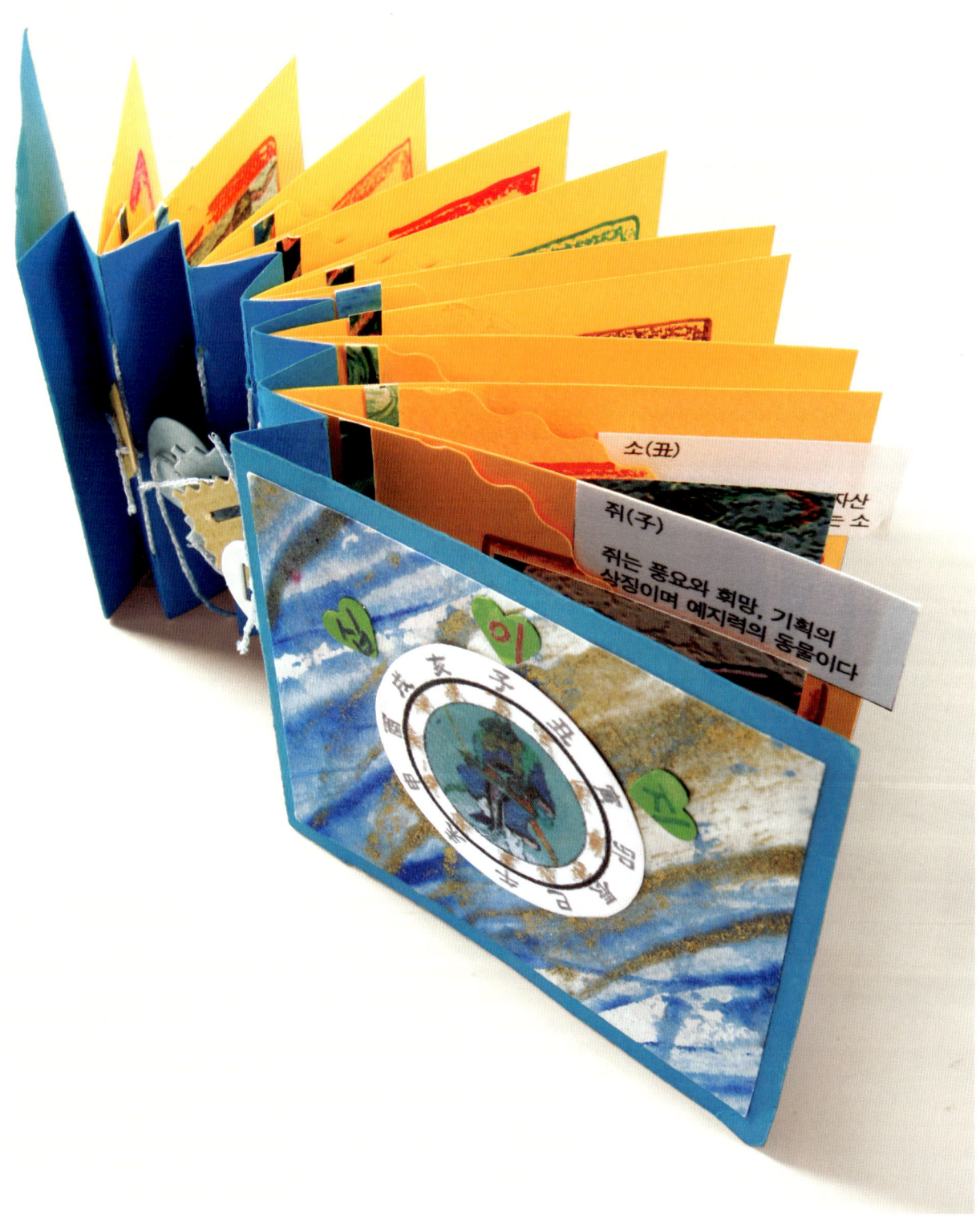

소(丑)

쥐(子)

쥐는 풍요와 희망, 기획의
상징이며 예지력의 동물이다

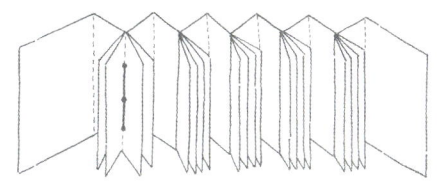

기본구조	• **멀티 북 방식_** 이 책은 한 권의 책이 아닌 여러 권의 책을 한데 묶는 방식으로 각기 다른 주제를 넣어 한 권으로 만들 수 있다.
주　제	• 12동물(12지)
준 비 물	고체풀, 가위, 자, 실, 색도화지(커버_ 57cm×12cm)(내지_ 24cm×11cm) 6개, 포장지, 싸인펜, 리본, 색종이 등
관련 및 도움말	• **12동물(12간지)_** 사람들은 누구나 띠를 가지고 있다. 쥐(子)는 풍요와 희망, 기획의 상징이며 예지력의 동물이다. 이렇듯 각 동물에는 성격과 특성도 각각 다르다. 그러한 내용들을 조사해서 책 만들기에 참고한다. • **다양한 미술 페인팅 기법_** 문지르기, 뿌리기, 칠하기 등 다양한 미술에서 쓰이는 채색기법을 이용해 책을 만들면 훌륭한 나만의 미술기법 책이 완성될 것이다.
활동목표	• 한 권에 4, 5가지 각각 다른 주제를 넣어서 책을 만들 수 있다. • 주제와 내용은 서로 일치하도록 꾸밀 수 있다.
난 이 도	**상**　중　하
지도방법	1 12동물의 성격에 대해 이야기한다. 2 12동물을 순서대로 적고, 그림을 그리거나 프린트 된 자료를 가지고 온다. 3 멀티 북 책을 만든 후, 순서에 맞추어 붙인다. 4 커버와 내지를 핑킹가위와 색연필 등을 이용해 장식한다.
제작시 유의사항	• 멀티 북 방식은 한 권의 책에 다양한 주제의 이야기를 담을 때 적당하며, 내지의 두께와 책의 권 수는 추가와 생략이 자유로움을 알게 한다. • 바인딩 방법도 2홀, 3홀, 4홀 등 자유롭게 각 권마다 다르게 해도 되므로 바인딩시 유지한다.
평가관점	1 4, 5가지 이야기를 각 권에 넣어 옴니버스 방법으로 만들었는지 확인한다. 2 바인딩 방법이 어렵고 복잡하므로 잘 만들어졌는지, 내용 구성이 잘 되었는지 확인한다.
참고자료	• **새로운 미술기법5 ART DRAWING CARTOONS (안나 밀보우네)_** 잉크, 유성사인펜, 수채화물감, 컴퓨터로 그리는 방법과 다양한 기법을 단계적으로 소개한 책이다. **콜라주_** 그림 도구를 제외한 그 어떤 것들을 이용하여 표현하는 그림 **뿌리기_** 물감을 도화지에 칠하는 것이 아니라 말 그대로 뿌리는 기법 그 외에 물감 불기, 물감 번지기, 핑거 페인팅, 스크래치 등이 있다.

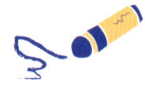

함께 만들어요

1.

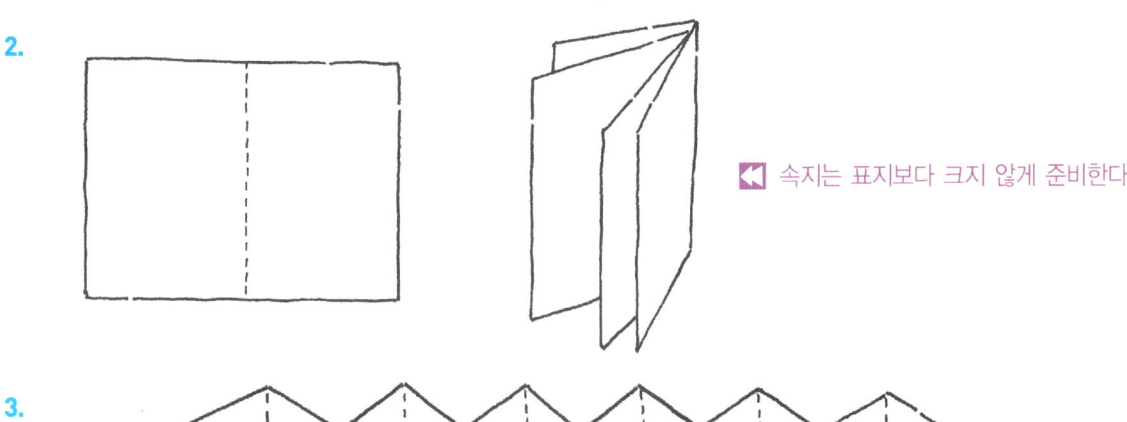

🔺 양쪽의 표지 부분을 제외하고, 가운데를 같은 크기로 그림과 같이 접어 준다.

2.

◀ 속지는 표지보다 크지 않게 준비한다.

3.

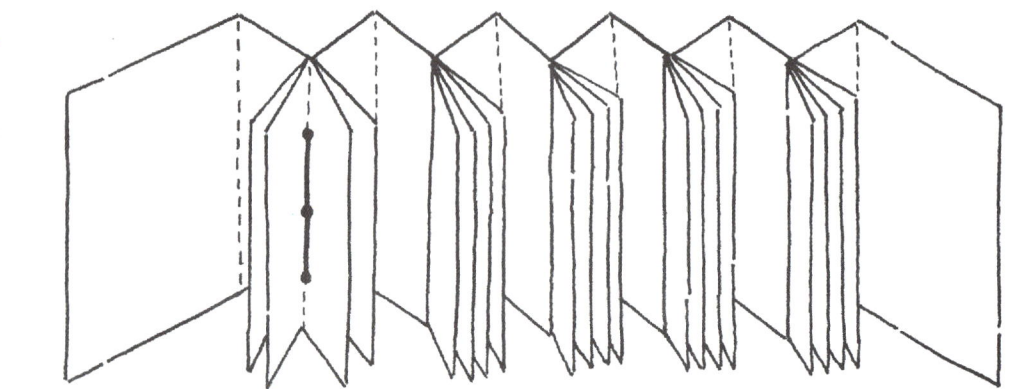

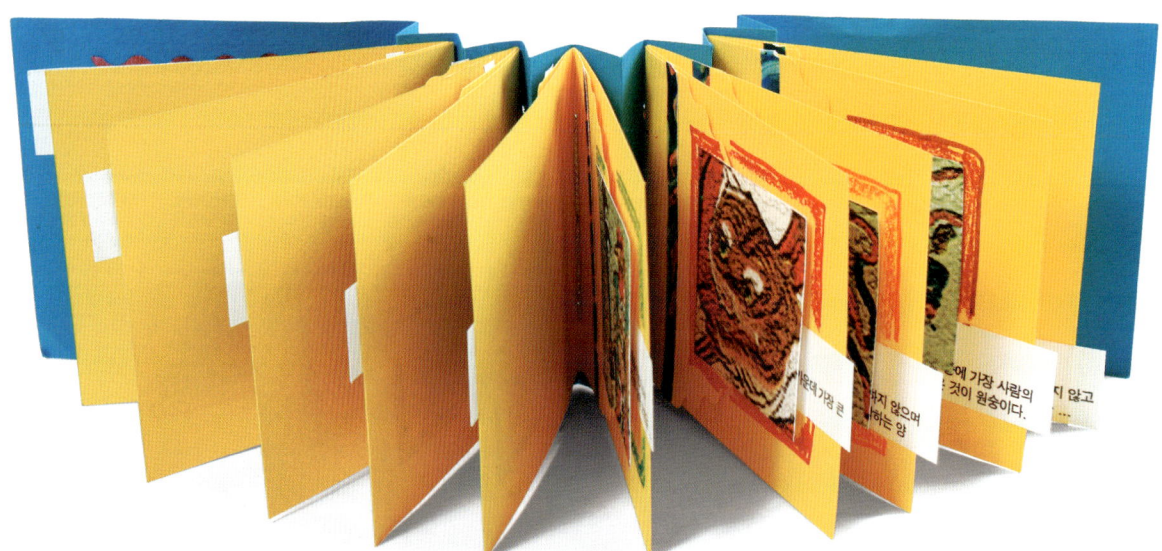

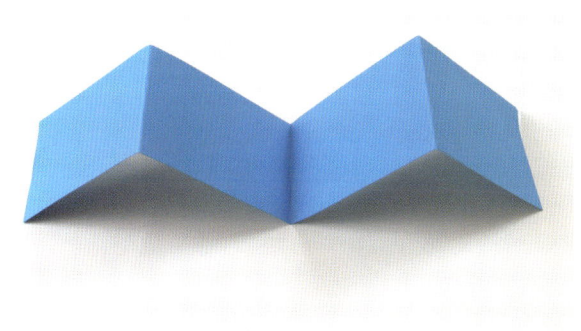

1. 준비한 종이를 먼저 4면접기 한다.

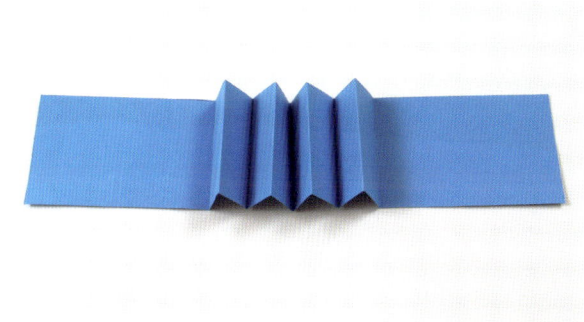

2. 표지가 될 면을 제외하고, 가운데 면을 그림과 같이 접어 준다.

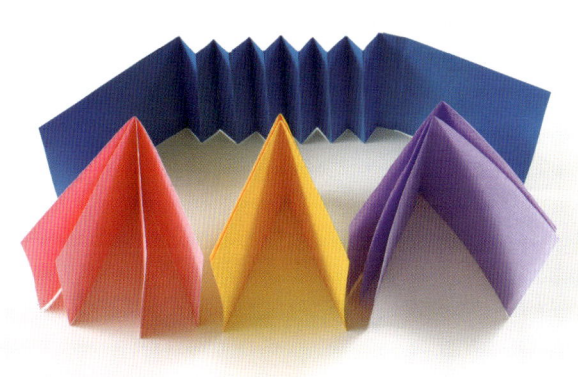

3. 연결할 커버와 내지를 준비해 둔다.

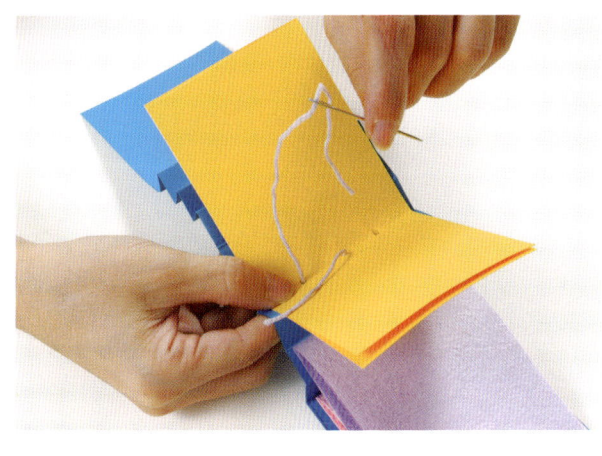

4. 내지를 커버에 연결할 때는 3홀 방식으로 묶어 준다.

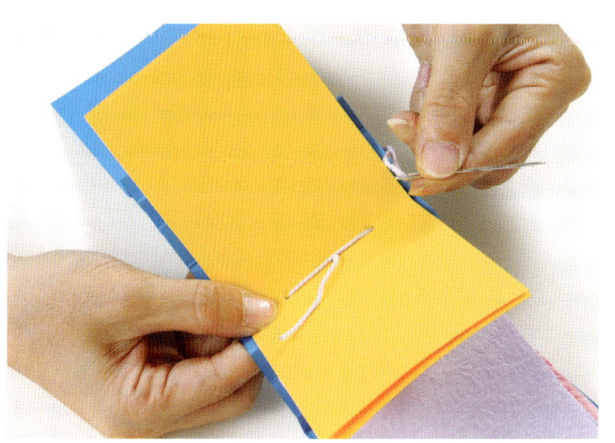

5. 3홀 방식으로 묶을 때는 3개의 구멍 중 가운데로 들어가 한쪽 끝으로 나온 다음, 반대쪽 끝으로 나간다. 그리고 가운데로 들어가 나오면 된다.

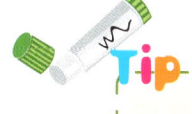 Tip

3홀 방식 이외에 4홀, 5홀 등 다양한 제본 방식을 이용하면 좀 더 멋진 책이 완성된다.

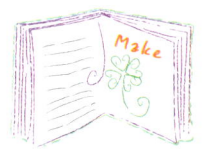

응용해 보세요

다양한 페인팅 기법

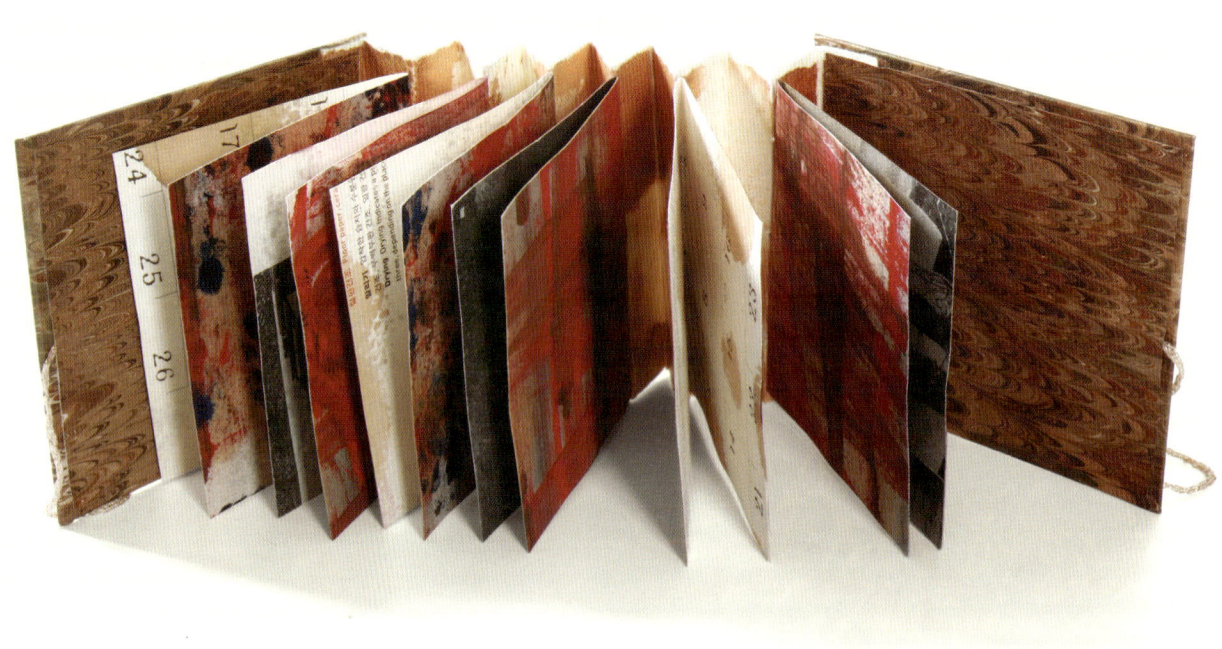

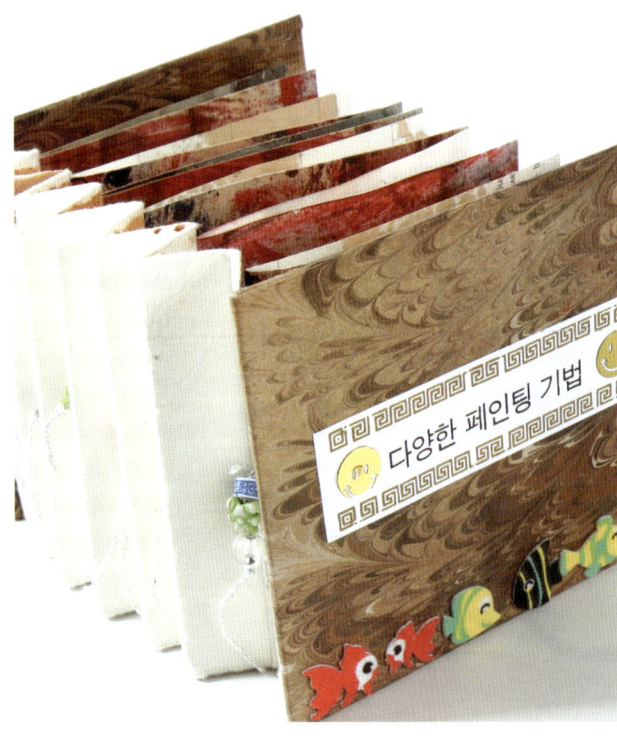

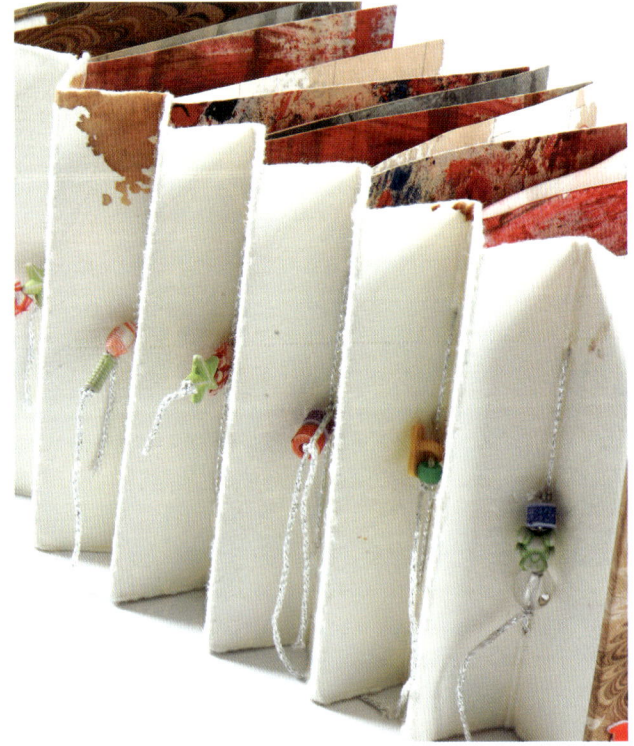

엄마 뱃속에 무슨 일이 ?

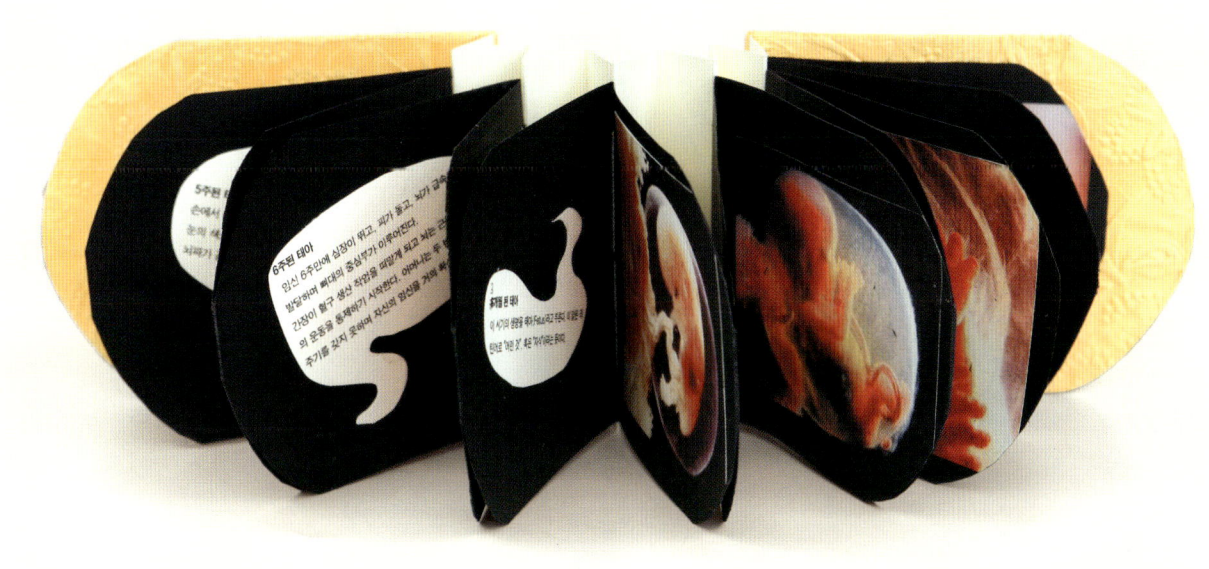

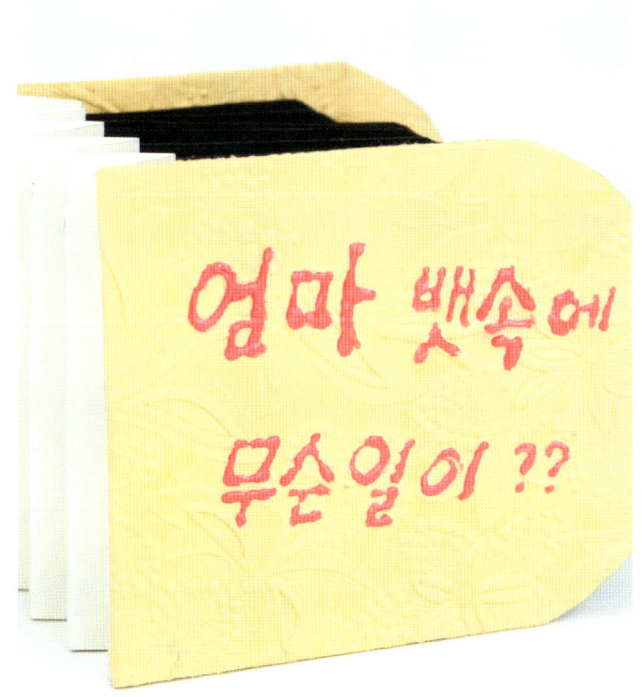

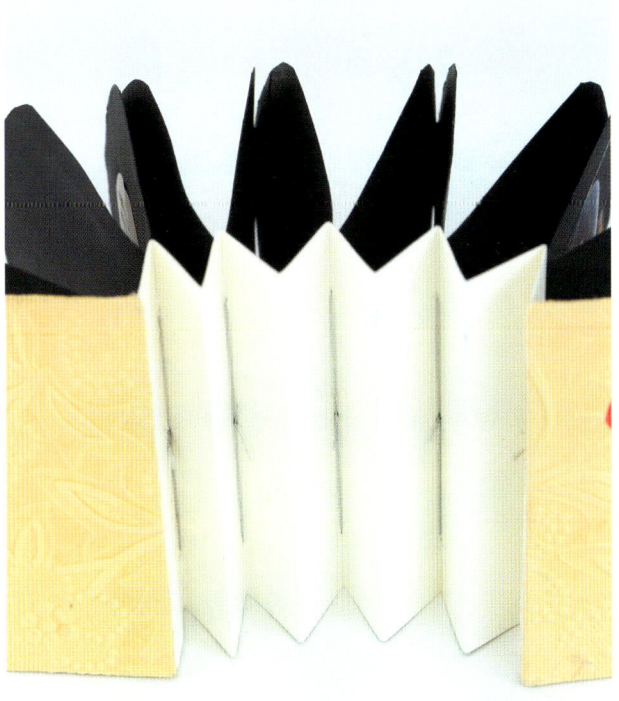

11 | 터널 방식
Making books for Children

행복한 우리 집

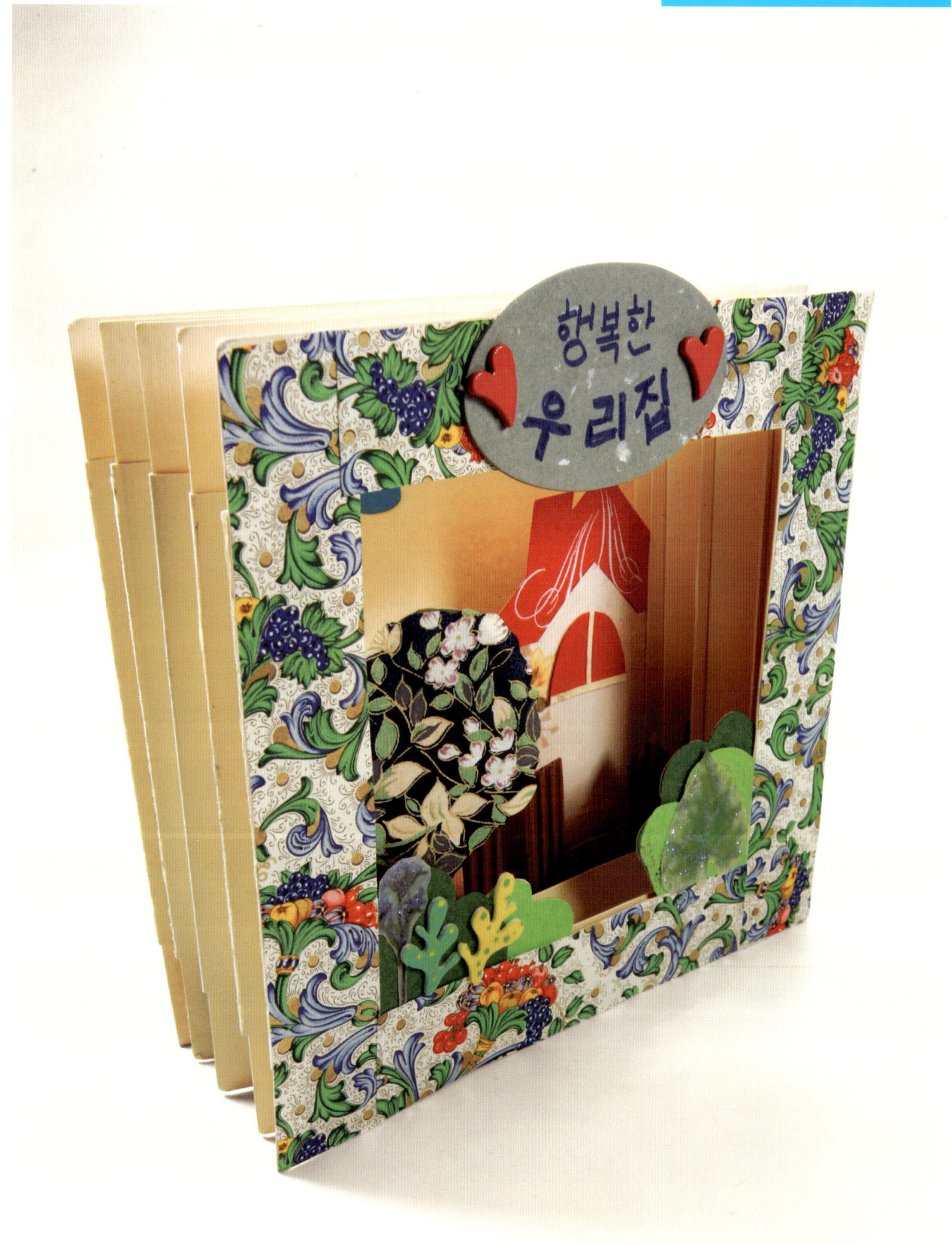

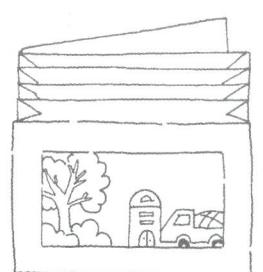

기본구조	• **터널 방식_** 터널 속으로 들어가는 모습과 같아서 붙여진 이름이다. 연극 무대를 구성하는 책 방식으로도 재미있게 표현할 수 있다.
주　제	• 행복한 우리 집
준 비 물	고체풀, 가위, 자, 도화지(15cm × 15cm) 5개　(15cm × 20cm) 2개, 포장지, 색연필, 싸인펜 등
관련 및 도움말	• **행복한 우리 집_** 가장 많이 머물고, 많은 활동을 하는 곳이 집이므로 집을 이용한 터널 방식을 만들어 본다. 이 방식은 원근법을 공부하는 학생들에게 효과적으로 쓰일 수 있는 방식이다. • **장승의 종류_** 장승은 일반적으로 지킴이(수호신), 이정표, 경계 표시의 역할을 하는 것으로 알려져 있다. 마을을 수호하는 기능을 가진 다양한 장승에 대해 알아보고, 장승 그림을 오려 터널방식으로 만들어 중간 중간에 나무와 집을 넣어도 좋을 듯하다.
활동목표	• 우리 가족 구성원에 대해서 설명할 수 있다. • 팝업 북의 의미와 제작 방법에 대해 알고, 입체북을 꾸밀 수 있다.
난 이 도	상　**중**　하
지도방법	1 우리 집은 아파트인지, 주택인지 어떠한 외형을 하고 있는지 서로 이야기해 본다. 2 우리 집과 주변의 풍경에 대해서 생각해 본다. 3 나무, 집, 울타리, 잔디 등 넣어야 될 소재를 정한다. 4 터널 방식을 만든 후, 그려서 색칠한 후 앞쪽부터 낮은 이미지를 넣어 보고 양옆을 연결한다. 5 원근법에 의해 꾸민다.
제작시 유의사항	• 터널 방식은 '스터디널'과 마찬가지로 원근법을 공부할 때 효과적으로 쓰일 수 있는 방식이다. 터널은 보통 4, 5장을 연결해 만들지만, 한 가지 주제를 정해 15명 정도가 2장씩 만들어 30개 이상을 용처럼 길게 연결해 '합동작품'으로 해도 재미있다. 그렇게 할 때 주제는 '바다 속 이야기' 등 단순하고 누구나 아는 주제를 정하며, 연결은 선생님이 해 주시는 것이 좋다.
평가관점	1 연결하는 부분 1, 3, 5, 7면에 풀을 바르고, 순서를 바꾸지 않았는지 확인한다. 2 그림은 순서에 맞게 크기를 달리 해서 내용 구성을 잘 하여 넣었는지 확인한다.
참고자료	• **장승에 관한 동화책들_** 장승(보림), 장승이 기가 막혀(자람), 떠돌이 장승(문공사) 등 장승을 통해 한국인들이 갖는 공동체적 나눔의 정신을 이해할 수 있다.

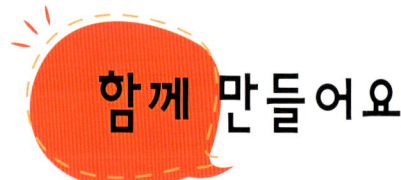 함께 만들어요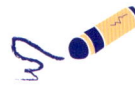

1.

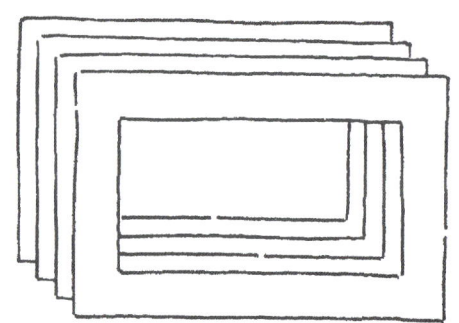

⬆ 테두리를 너무 얇지 않게 여러 장 잘라준다.

2.

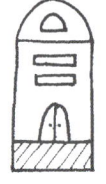 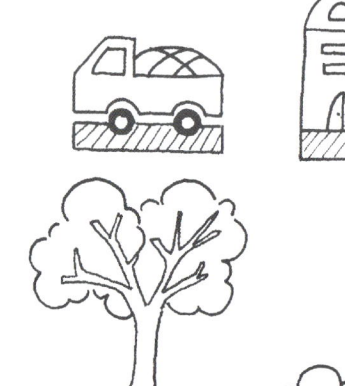

⬆ 장식할 이미지는 다양한 크기로 잘라준다.

▶ 이미지를 붙일 때는 잘 보일수 있도록
  배치해 둔다.

3.

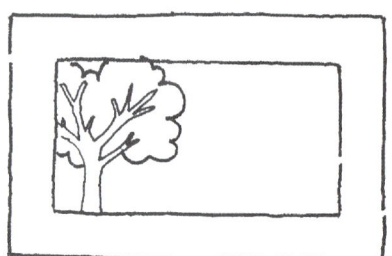

4.

⬆ 스타터널과 달리 옆면에 붙일 종이를 2장
  준비한다.

5.

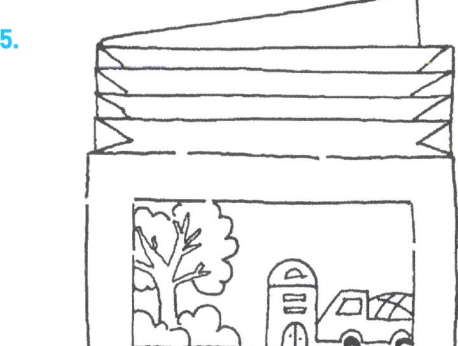

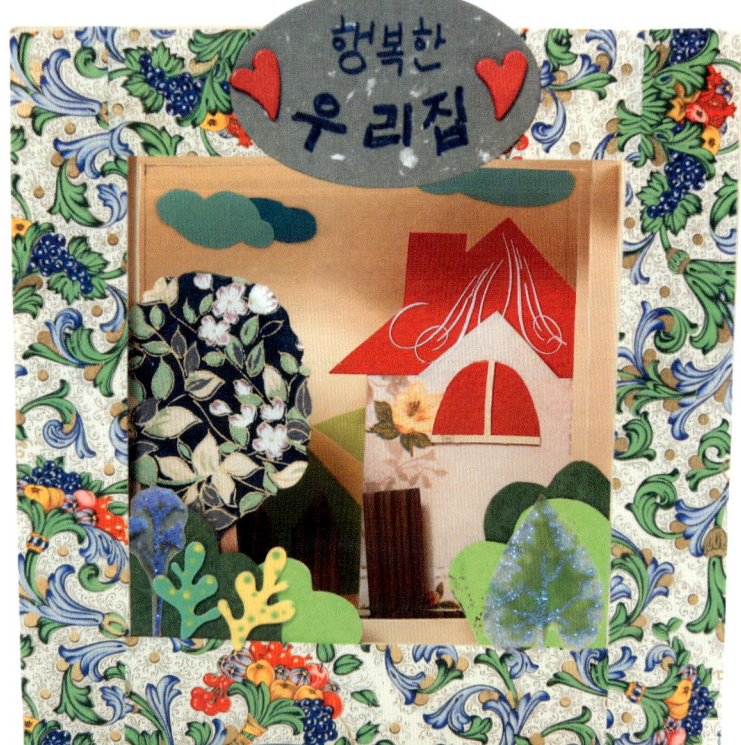

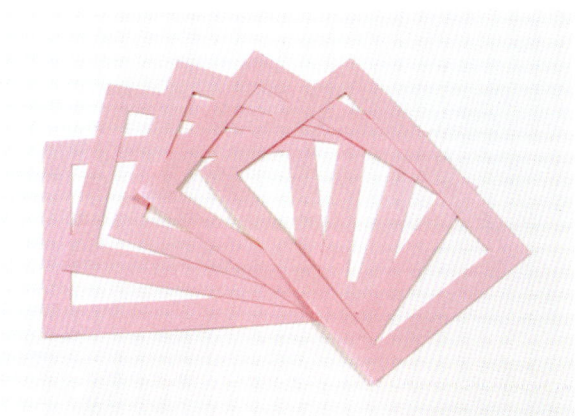

1. 같은 크기의 종이를 위의 모양과 같이 준비한다.

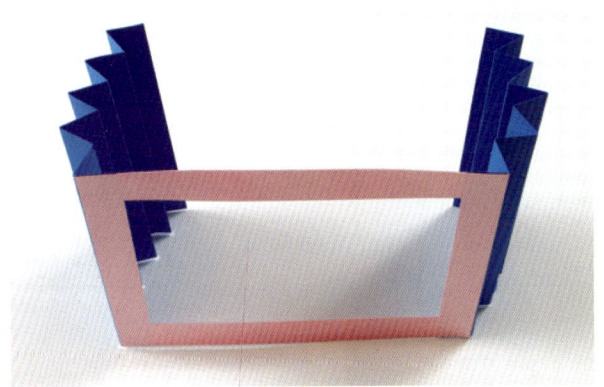

2. 같은 크기로 접은 옆면과 준비해 둔 앞면을 그림과 같이 붙인다. 파랑색 옆면에 들어가는 종이 2장은 15cm×2cm 간격으로 10면으로 접는다.

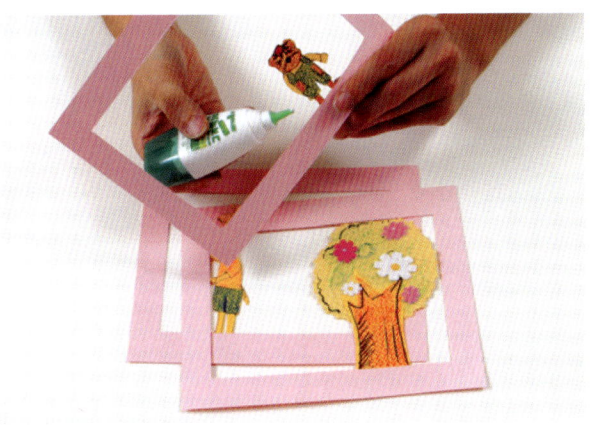

3. 장식할 이미지를 각각의 종이에 잘 배치한다.

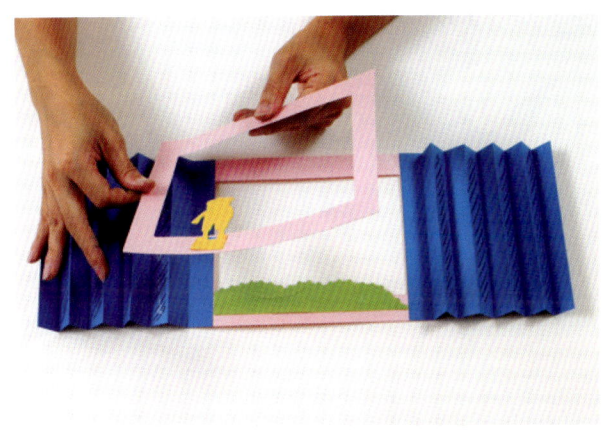

4. 큰 종이를 붙일 때에는 옆면의 종이가 서로 같은 방향이 되도록 잘 붙인다.

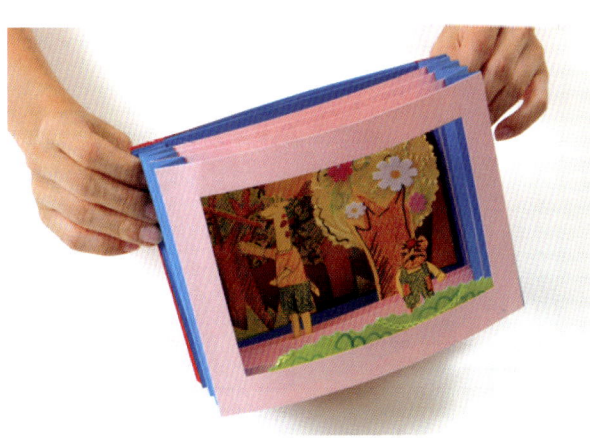

5. 마지막 종이는 뚫리지 않은 종이로 마무리한다.

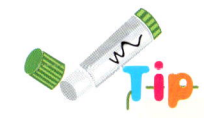
Tip

2급에서 배운 스타터널과 같이 각각의 이미지들이 서로 겹치지 않고 잘 보이는 것이 중요하다.

응용해 보세요

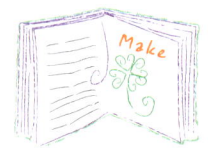

숲 속 친구

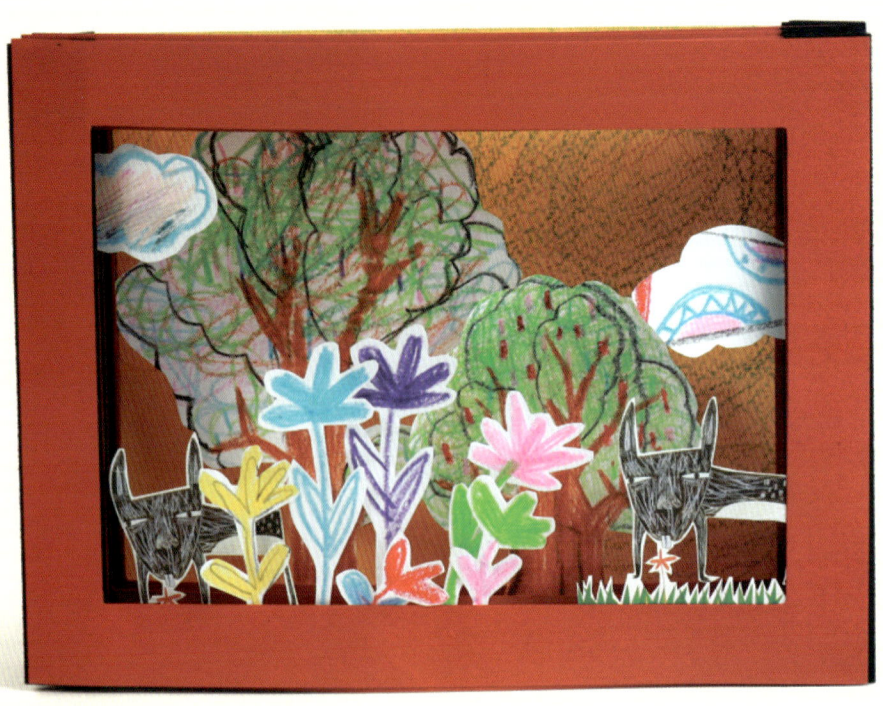

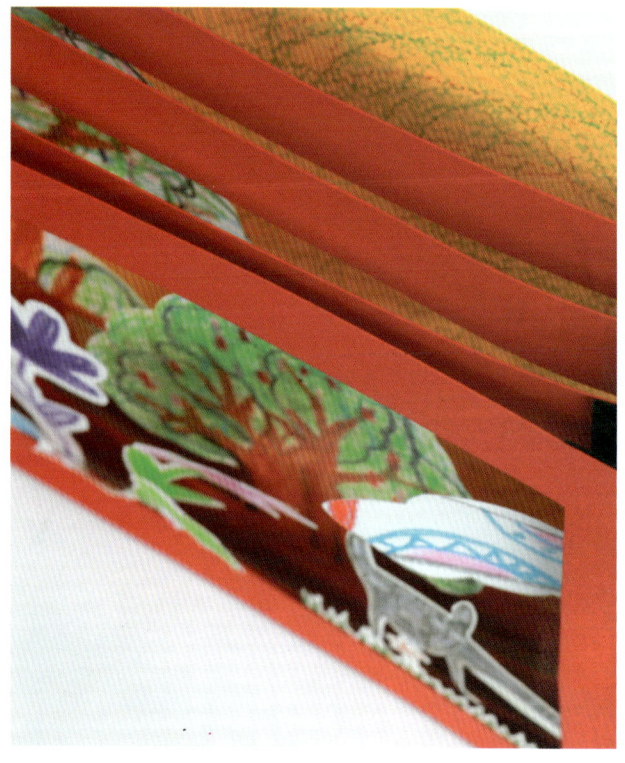

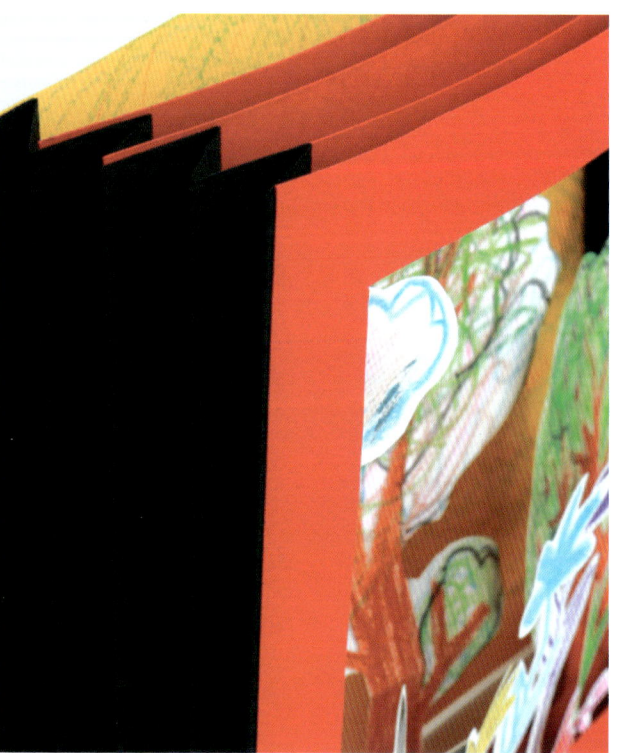

행성

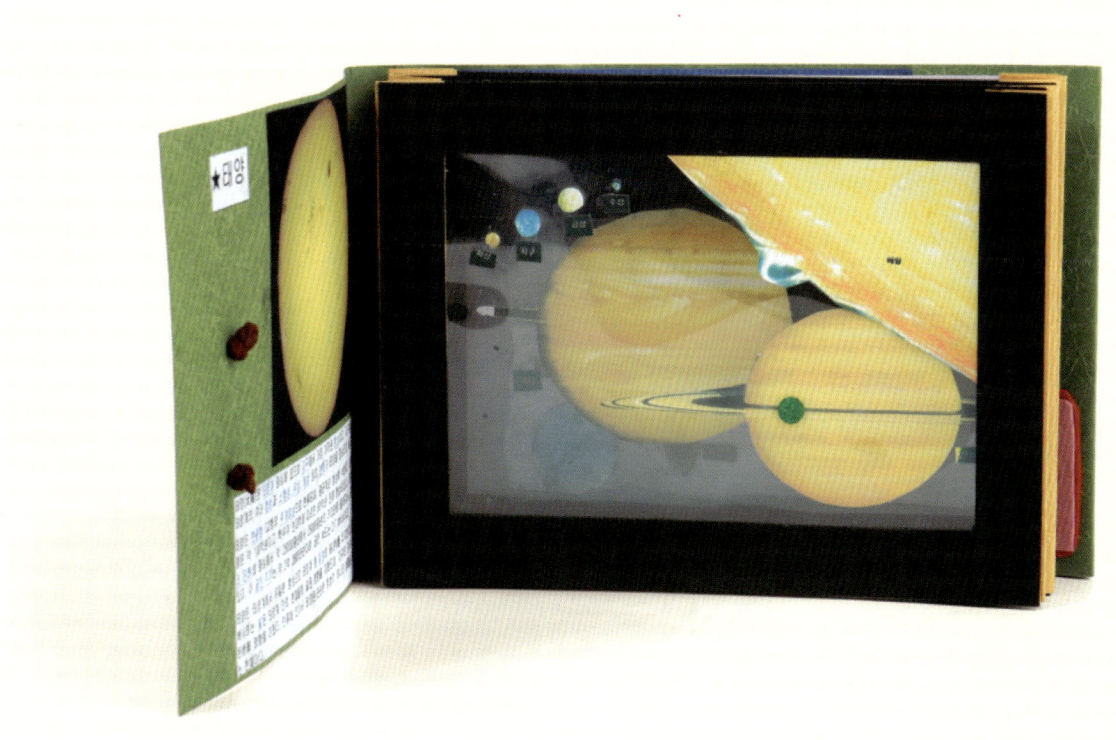

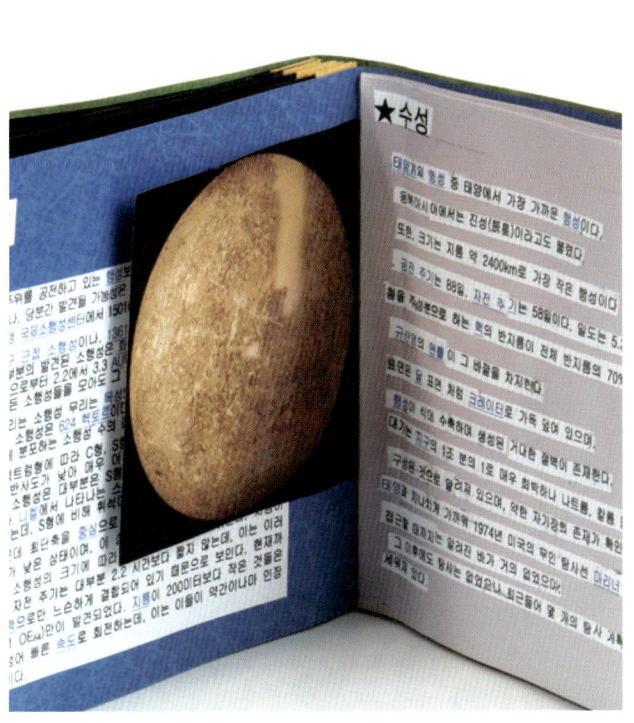

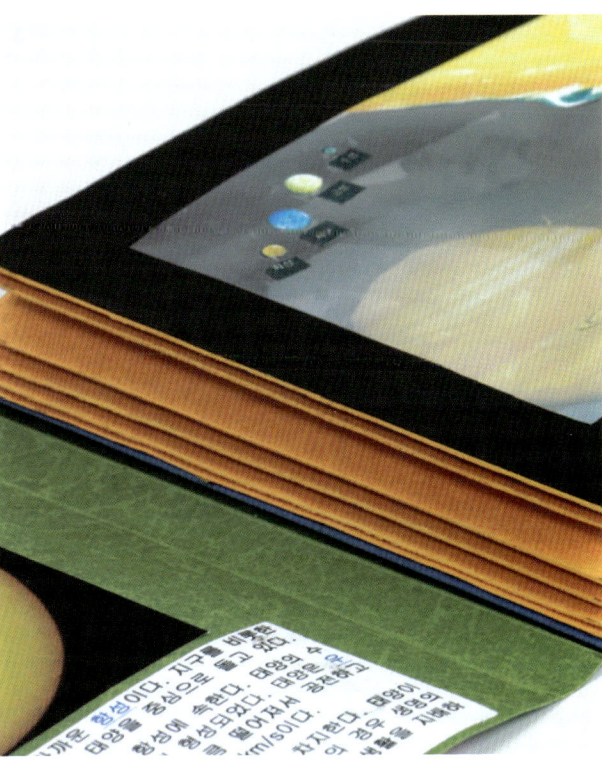

12 | 피아노 북

Making books for Children

천연 기념물

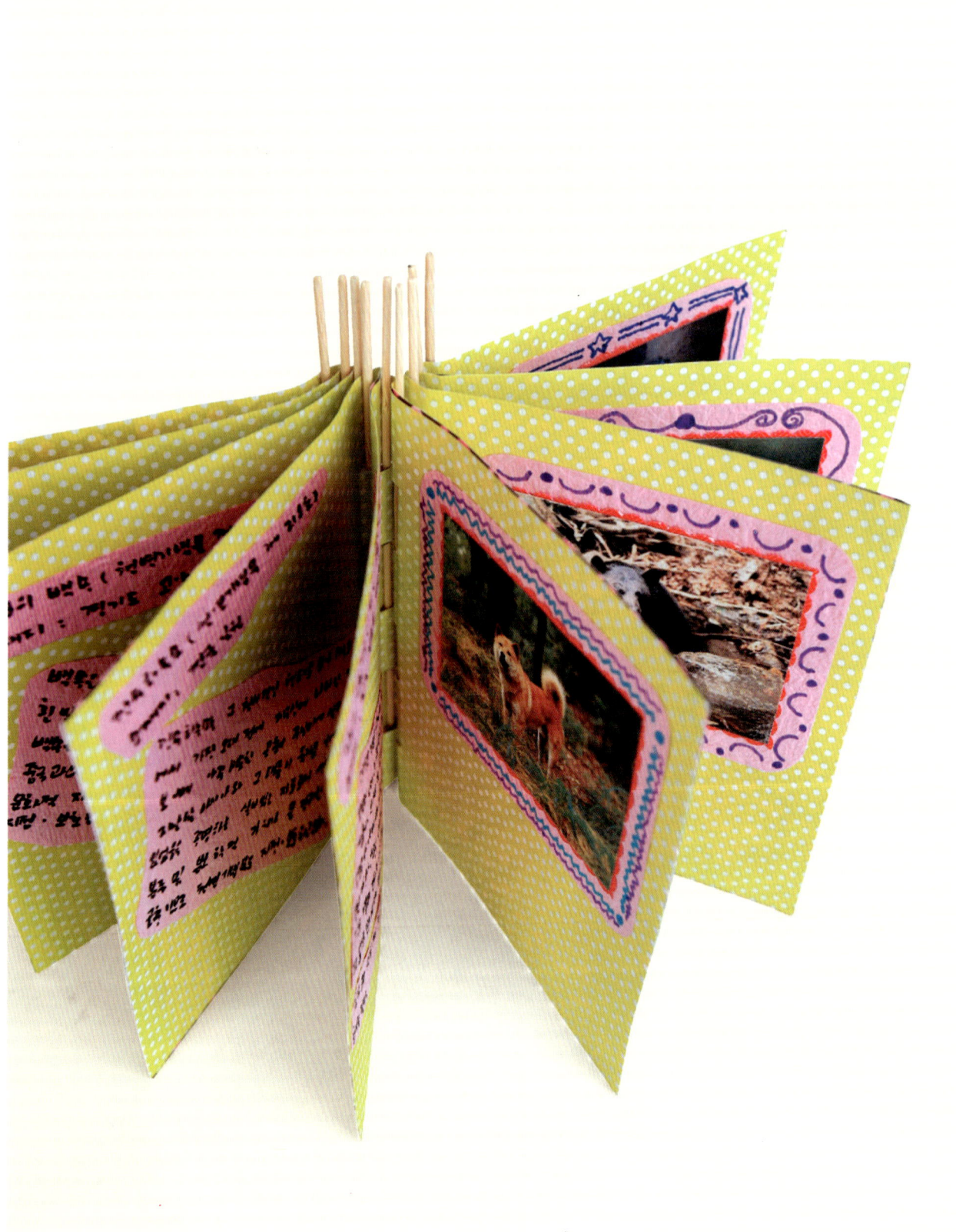

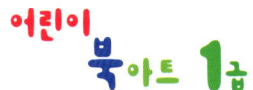

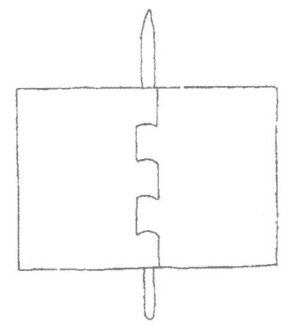

기본구조	• **피아노 북**_ 피아노 북은 피아노 건반 모양처럼 대나무 젓가락이 짝수, 홀수로 들어가는 방식이다. 저학년이나 처음 입문하는 어린이와 학생들에게 조금은 어려운 방식이다.
주 제	• 천연 기념물
준 비 물	고체풀, 가위, 자, 색도화지(17cm × 24) 6개, 색연필, 물감, 이미지 사진, 색종이, 대나무 살 등
관련 및 도움말	• **나를 소개합니다**_ 자신을 소개하는 나만의 기록장을 만든다. • **연날리기**_ 우리 나라의 전통 민속놀이 중의 하나인 연 날리기에 대하여 상세히 조사하여 피아노 북으로 만든다. 연의 명칭, 연의 유래 및 역사, 연에 관련된 용어, 연의 종류 등 다양한 특징을 파악해 한 권의 책으로 만든다.
활동목표	• 종이와 대나무 살을 이용해 엮는 방법으로 피아노 북을 만들 수 있다.
난 이 도	🟠**상** 중 하
지도방법	1️⃣ 우리 나라에는 어떤 천연 기념물이 있고, 왜 천연 기념물을 소중히 다루어야 하는지 이유를 알아본다. 2️⃣ 우리 나라의 천연 기념물 중 조사한 것을 발표한다. 3️⃣ 피아노 북 구조를 만든다. 4️⃣ 조사한 천연 기념물 사진을 붙여 보고, 제목을 넣는다.
제작시 유의사항	• 피아노 북은 간단히 책 만드는 방식으로 두께를 두껍고 얇게, 책의 용도에 맞추어 조정하는 데 유이한다. 보통 끼우는 대나무 살은 김밥 만드는 대나무 살 등을 이용하는데, 큰 책 만들기를 할 경우 돗자리 대나무 살로도 이용할 수 있다.
평가관점	1️⃣ 피아노 북은 대나무 살을 꽂는 순서가 맞있는 지 확인한다. 2️⃣ 내용의 연결성이 잘 되었는지, 완성도가 어떤지 확인한다.
참고자료	• **아침부터 저녁까지 차 조심!(삼성출판사)**_ 횡단보도를 건널 때, 인도를 다닐 때, 자전거와 킥보드를 탈 때, 어린이들을 위해 필요한 교통 안전 수칙들을 이야기와 함께 흥미롭게 설명한 교통 동화 그림책이다. • **우리가 지켜야 할 천연 기념물(어린이 중앙)**_ 삽사리, 수달, 황조롱이, 열목어 등은 우리 모두가 소중하게 지켜야 할 천연 기념물이다. 자연이 빚어 낸 보물인 천연 기념물을 어떻게 간직하고 보호해야 할지에 관한 이야기이다.

함께 만들어요

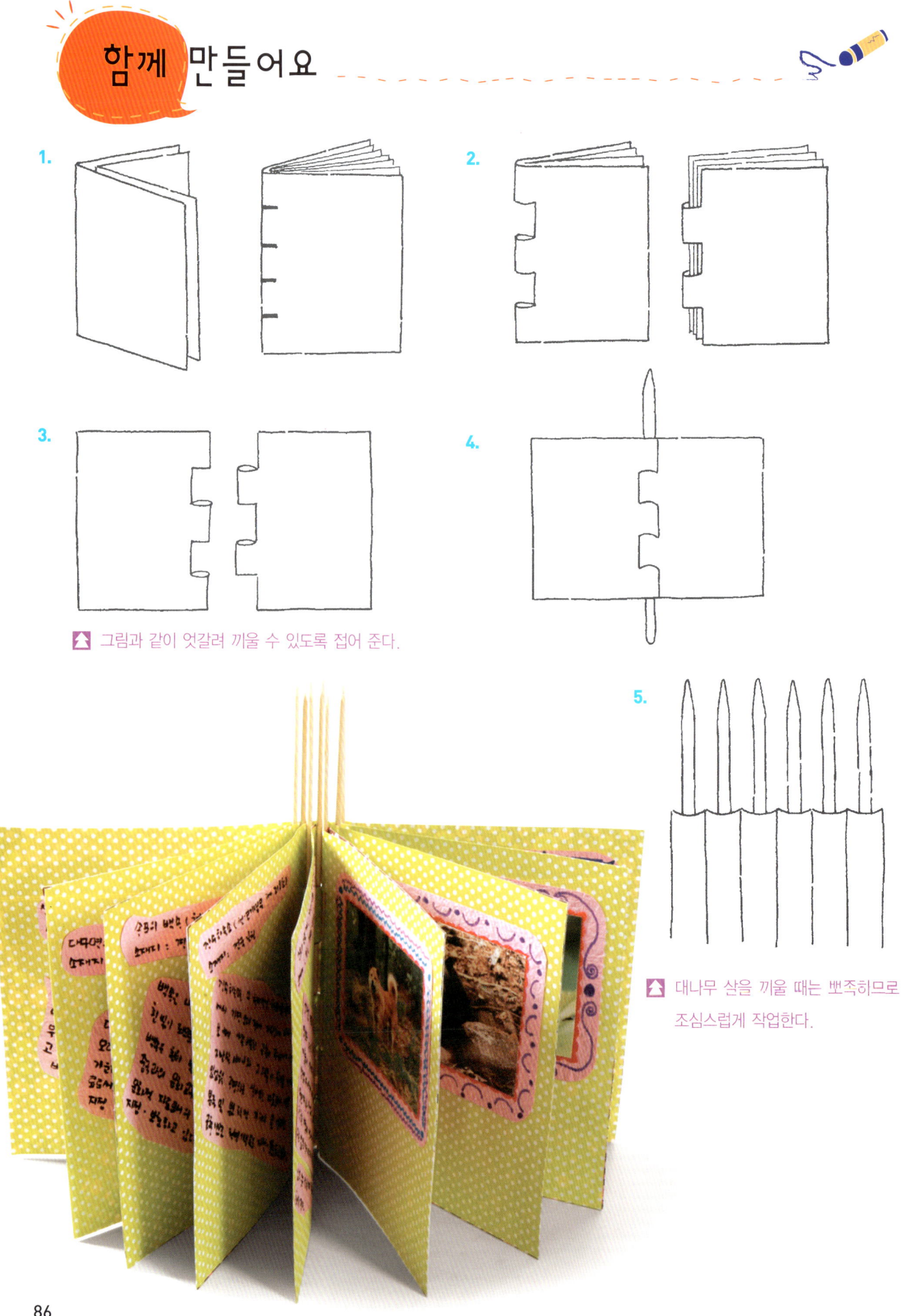

1.

2.

3.

⬆ 그림과 같이 엇갈려 끼울 수 있도록 접어 준다.

4.

5.

⬆ 대나무 살을 끼울 때는 뾰족하므로
조심스럽게 작업한다.

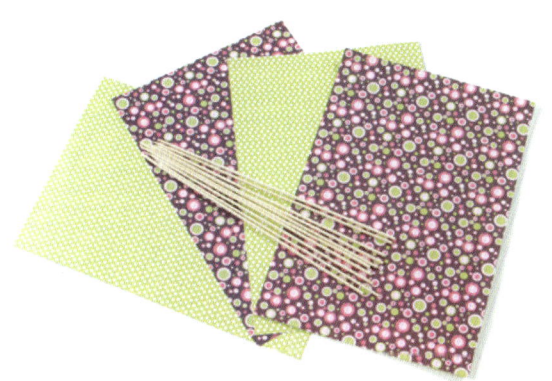

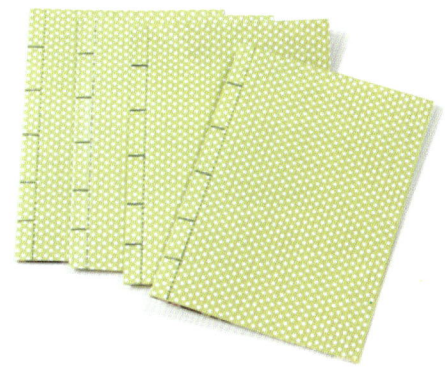

1. 대나무 살과 여러 장의 종이를 준비한다.

2. 그림과 같이 종이를 반으로 접은 뒤, 접힌 쪽으로 1㎝ 가량 표시하여 6등분으로 나눈다.

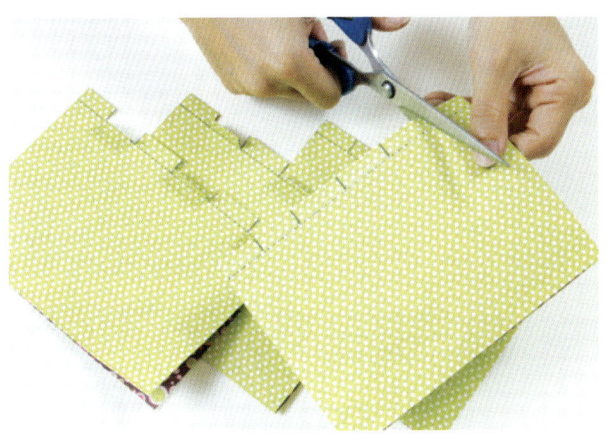

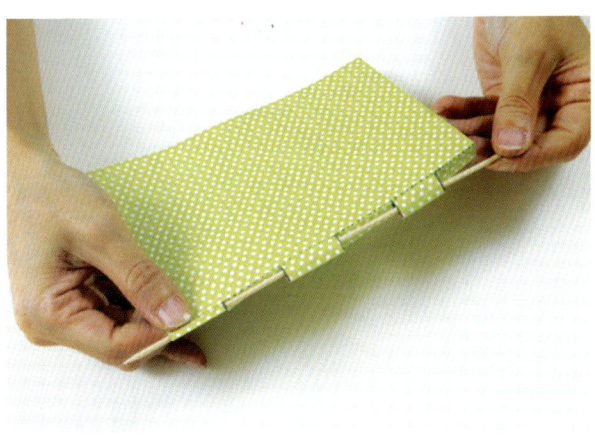

3. 표시해 둔 선까지만 칼집을 내준다.

4. 대나무 살은 그림처럼 나눈 면을 엇갈려 끼운다.

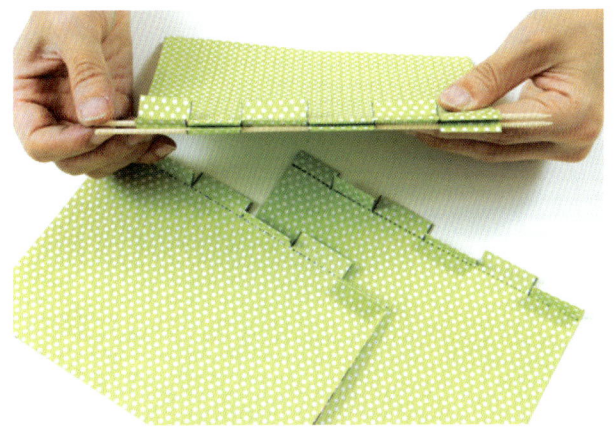

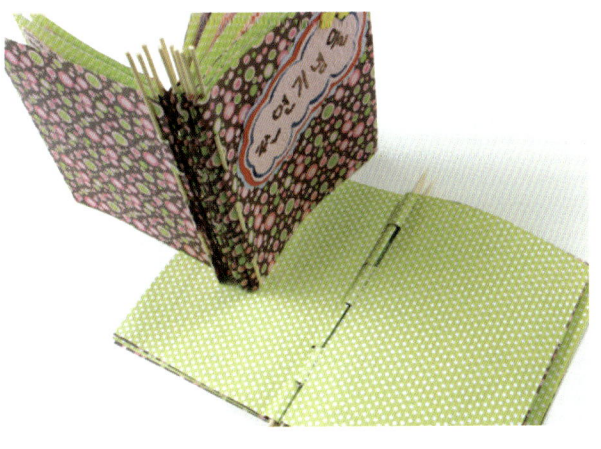

5. 다음 대나무 살을 끼울 때에는 첫째 번 종이의 남은 면과 둘째 번 종이의 다른 면을 엮는다.

6. 완성

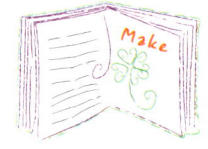

응용해 보세요

나를 소개합니다

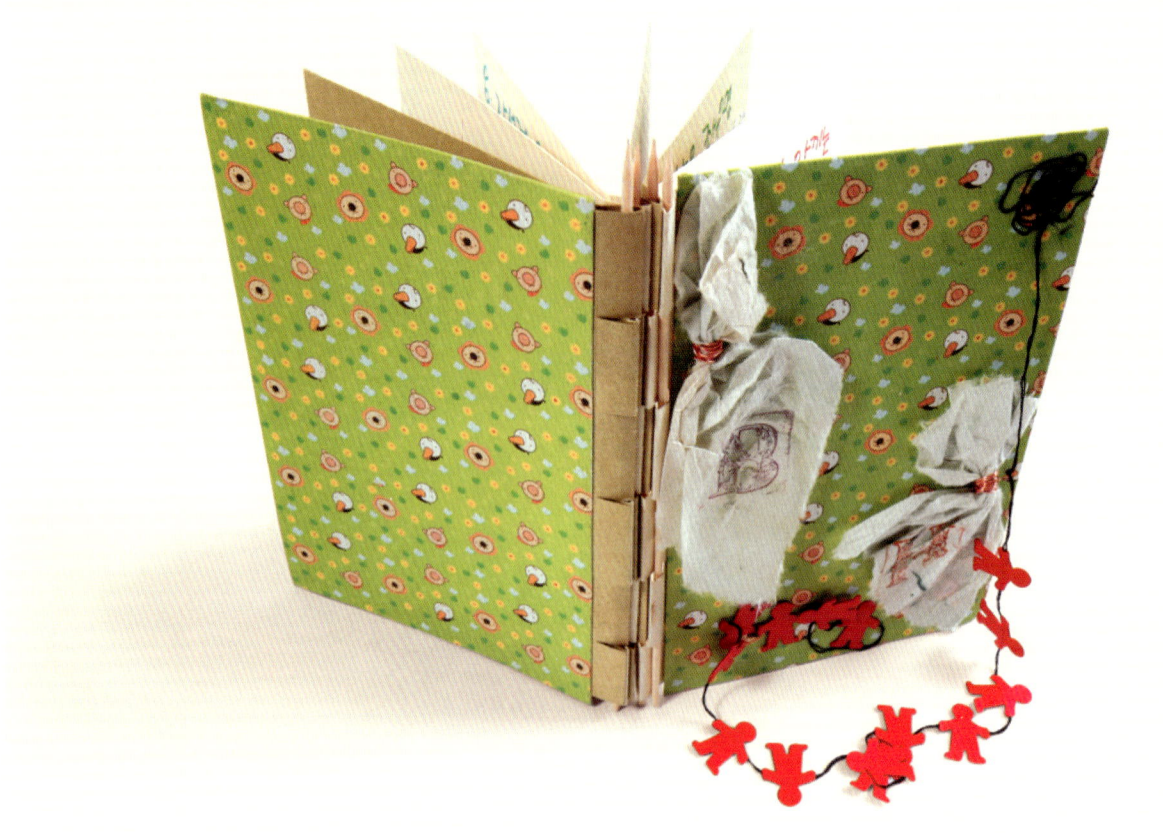

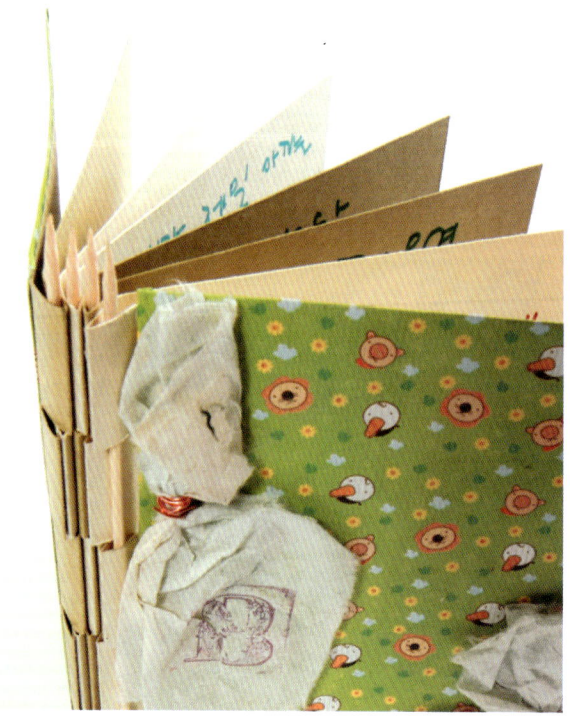

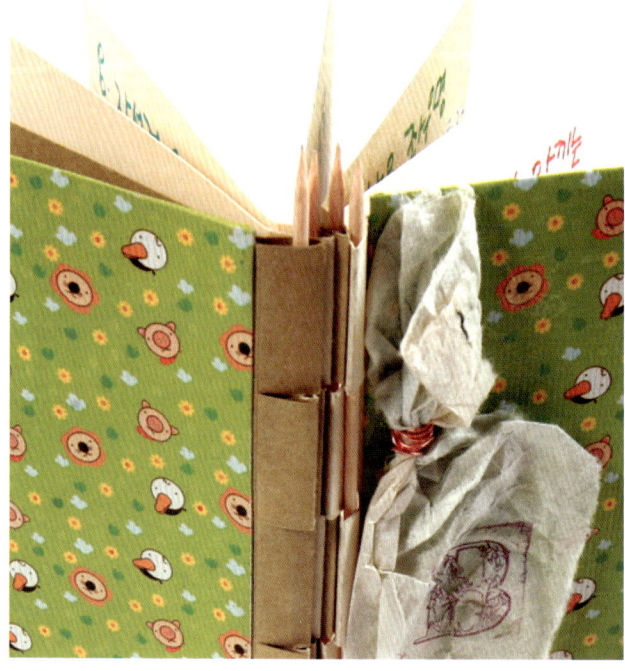

나의 꿈

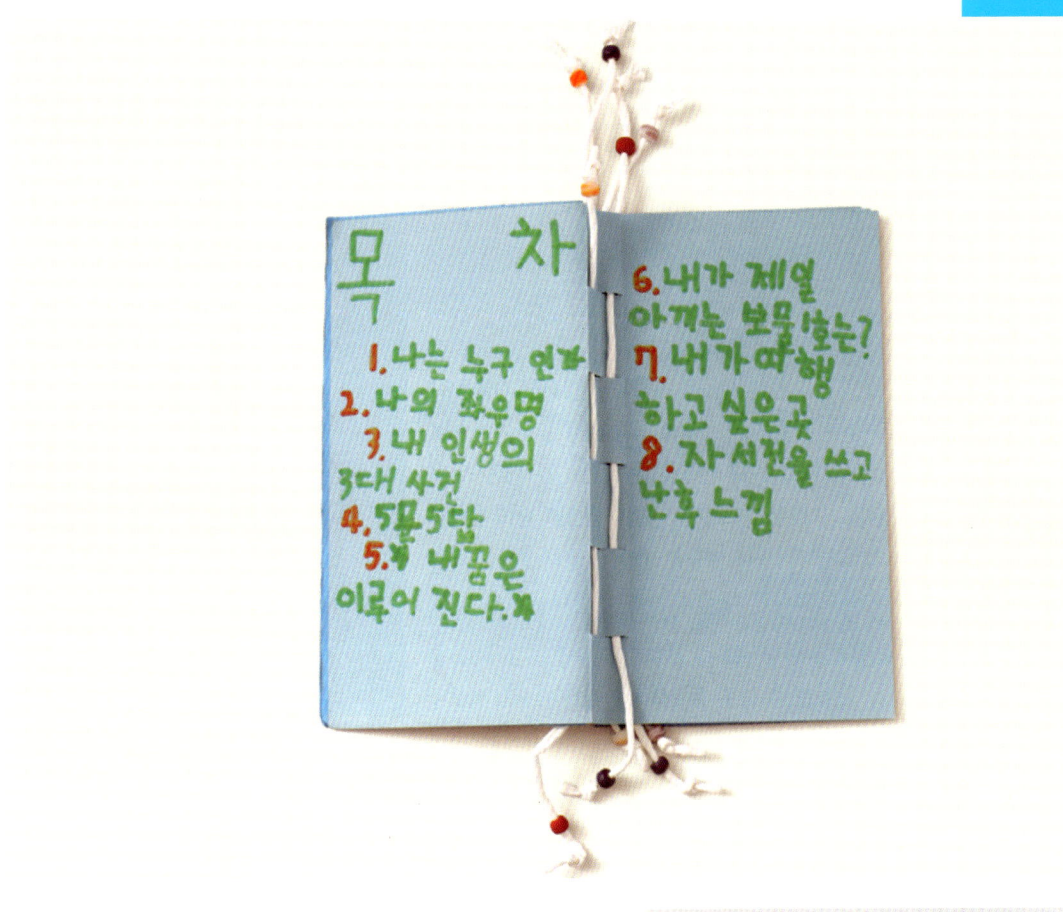

목 차
1. 나는 누구 인가
2. 나의 좌우명
3. 내 인생의
3대 사건
4. 5문5답
5. 내꿈은
이루어 진다.

6. 내가 제일
아끼는 보물 1호는?
7. 내가 여행
하고 싶은곳
8. 자서전을 쓰고
난후 느낌

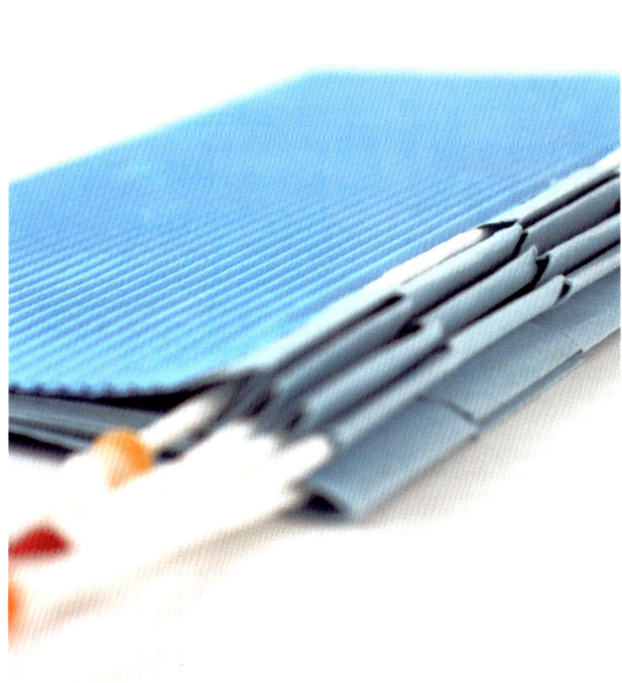

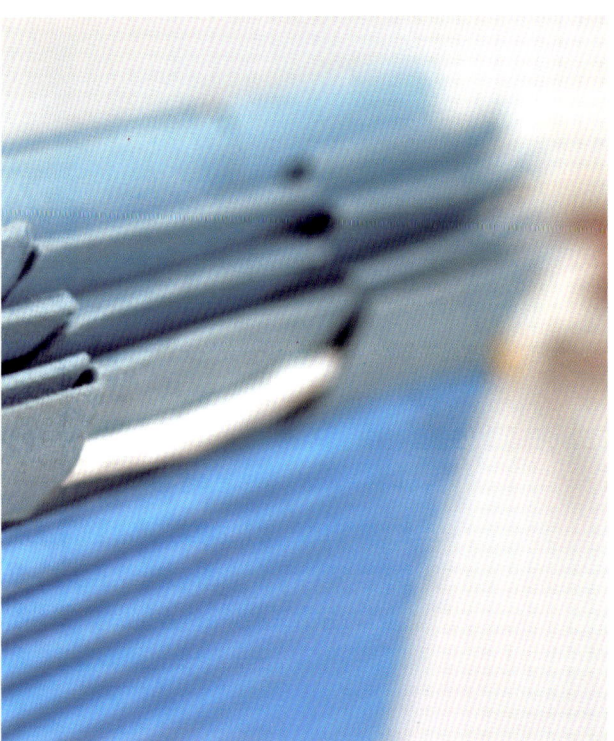

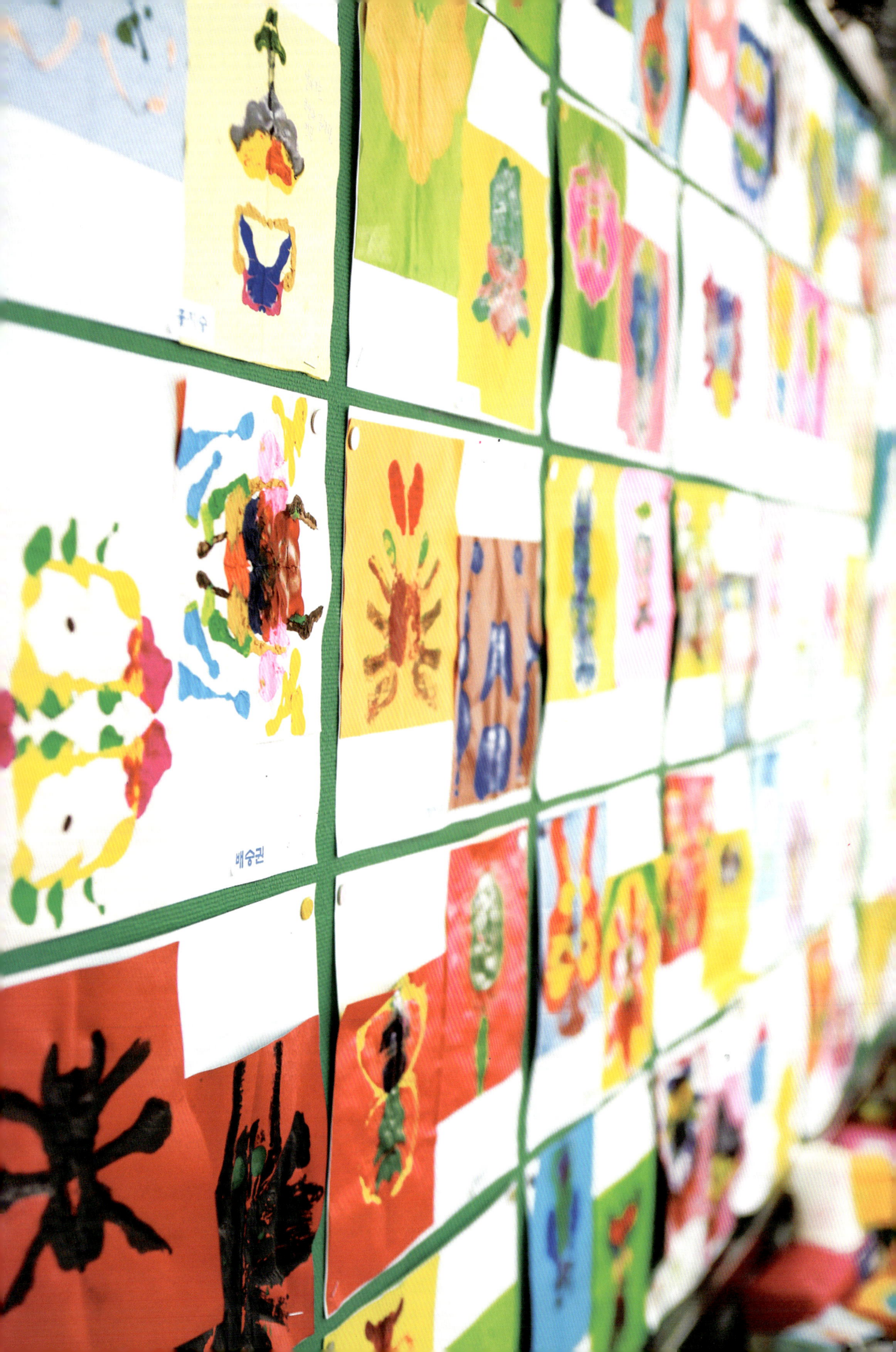

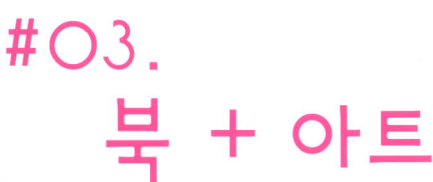

#03.
북 + 아트

어린이 북아트 실기 평가 기준

어린이 북아트 수업 모습

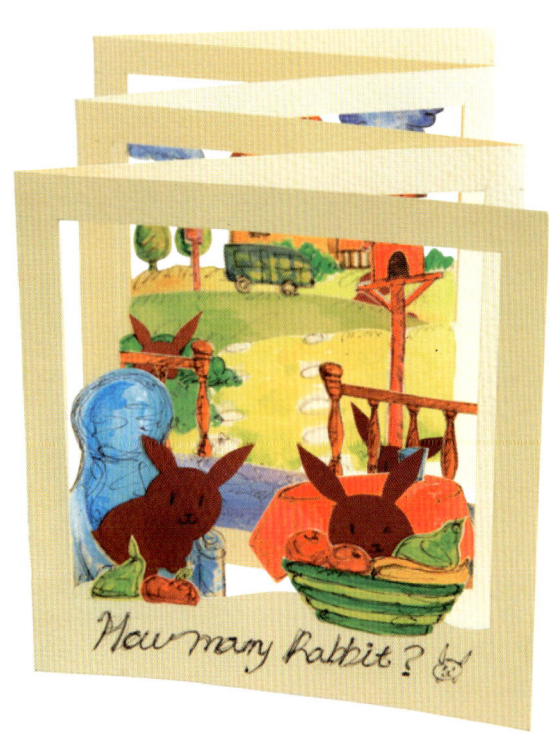

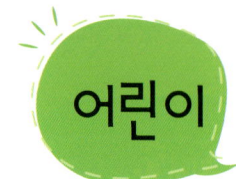 북아트 실기 평가 기준

등급 | 번호 | 성명 |

● 해당 점수에 ∨표하세요
● 평가 대상 제외 작품은 0점 처리

작품명   (   )

평가영역	평가관점	상 10-9-8	중 7-6-5	하 4-3-2
기획의도	제작할 책의 기획 의도는 어떠한가?			
	주제 선정과 내용 전개는 어떠한가?			
내용구성	책의 체제와 글쓰기는 적절한가?			
	그림, 사진 구성과 글 내용이 잘 어우러졌는가?			
책의 구조와 조화	표지는 의도대로 조화롭게 이루어졌는가?			
	기본적으로 책의 기능에 맞도록 처리되었는가?			
기법	나만의 책으로 기법이 특별한가?			
	제작한 작품이 특색있게 전체와 어울리는가?			
완성도	의도대로 완성 작품이 조화롭고 창의적인가?			
	작품의 마무리는 정교하게 완성하였는가?			
소 계				
총 계		총점 × 2 = 점		

총 평	

201 .   .   .
평가자   (인)

어린이 북아트 수업 모습

_나비 팝업북

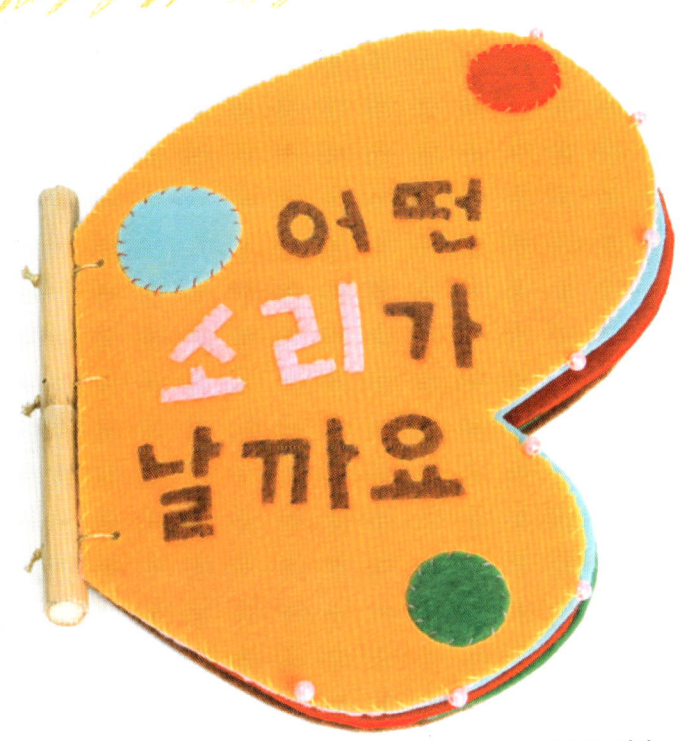

2007 성남 국제 북아트 페어 체험학습 모습

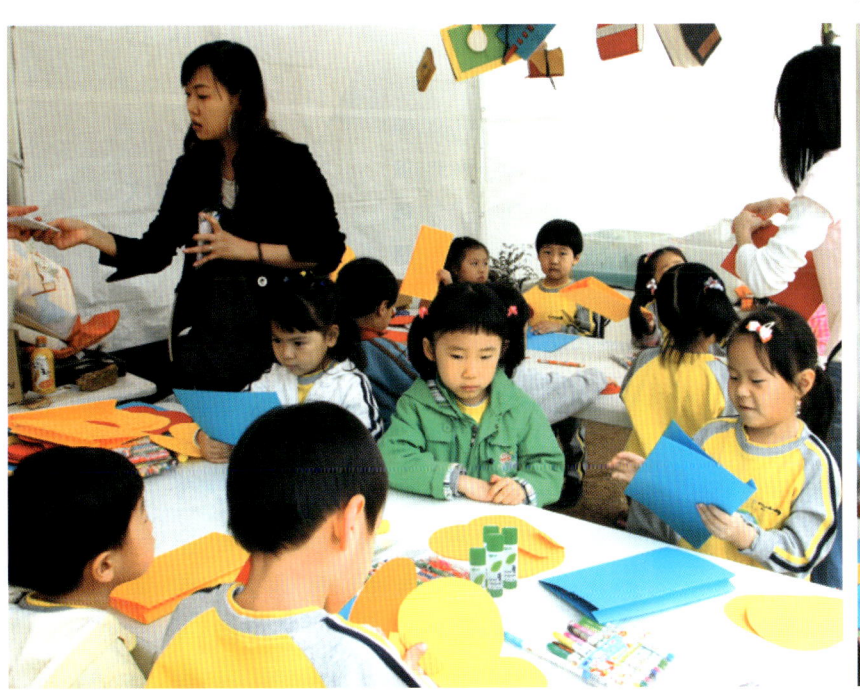

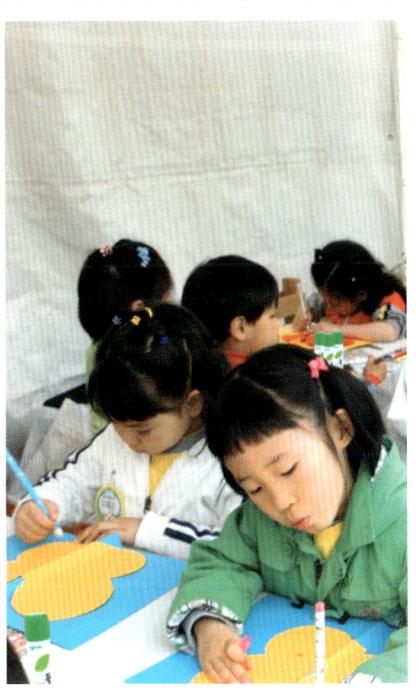

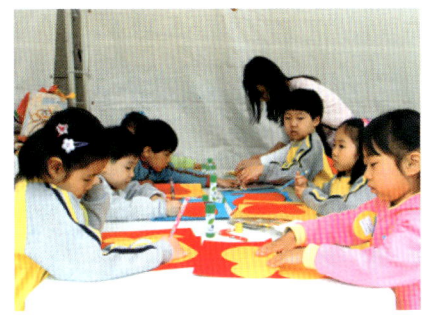

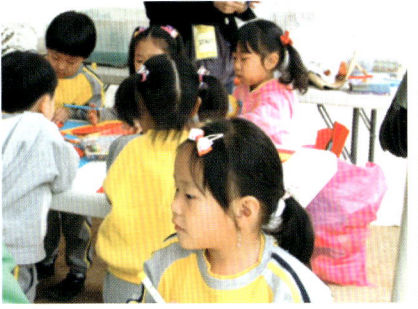

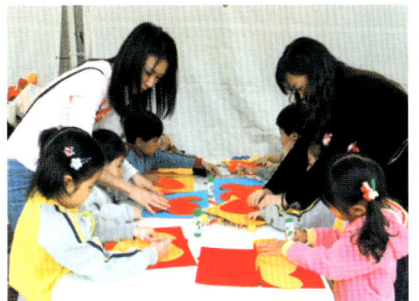

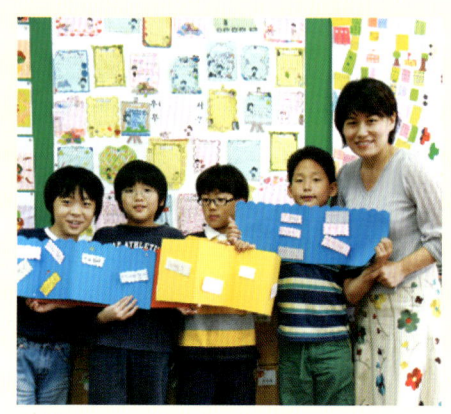

지은이 김나래 회장(세계 북아트협회 회장)은 국내·외에서 가장 활발하게 활동하는
북 아티스트로 〈북아트 아름다운 책만들기〉, 〈김나래의 어린이 북아트〉,
〈키스 스미스의 북아트〉를 옮겼으며 〈Artists bookyear Book 1998~1990〉,
〈북 플러스 아트〉, 〈서태지의 낙엽지는 새〉 등을 기획했다.

북아트 지도사 2급, 1급 자격취득 교재 - 〈북아트교실 1, 2〉,
어린이 북아트 2급, 1급 자격취득 교재 - 〈어린이 북아트 2급, 1급〉,
똑똑한 우리아이 만들기 시리즈 - 〈첫, 둘 북아트〉를 지었다.

현재 북 아트 연구소 북프레스 대표이며, 외국에서도 실력을 인정받아
인디펜던트지에 '세계 북아티스트 10인'으로 소개되었으며 옥스퍼드대 도서관,
시카고 예술학교 등 세계 여러 도서관과 갤러리에 작품이 소장 전시되어 있다.

김 나 래 | Kim Narae

책 만들기를 통한 상상의 날개 접기
어린이 북아트 1급

2007년 11월 14일 초판 1쇄 발행
2017년 3월 20일 초판 7쇄 발행

지은이 | 김나래
펴낸이 | 노영혜

디자인 | 북프레스
사   진 | 우영철
일러스트 | 박은경

발행처 | 종이나라(주)
등   록 | 1990년 3월 27일 제1호
주   소 | 우)04606 서울시 중구 장충단로 166 종이나라빌딩 7층
전   화 | (02)2264-7667   팩스 | (02)2264-0671
홈페이지 | http://www.jongienara.co.kr
주문번호 | ZC2221
ISBN 978-89-7622-531-3 13630

「어린이 북아트 1급」 자격 취득 코스!

- 『어린이 북아트 2급』 자격취득 후에 『어린이 북아트 1급』의 자격취득을 목표로 할 수 있습니다.

- 『어린이 북아트 1급』 자격취득 코스는 ─────────
    - ▶ 재단법인 종이문화재단 어린이회원으로서, 「어린이 북아트 2급」 자격취득자로 아래에 의거 「어린이 북아트 1급」 급수 자격을 취득할 수 있습니다.

- 『어린이 북아트 1급』 자격 취득을 하려면

1단계	(재)종이문화재단 어린이 회원등록(무료)	▶ 어린이(초등학생): 「어린이 북아트 1급」 자격인정 **신청서 제출**과 동시에 어린이 **회원 자동 등록** ▶ 전국 각 **지부(지부장) · 교육원(원장) · 재단소속 선생님** 또는 **재단 사무처**에서 상담
2단계	『어린이 북아트(1급)』책에 실린 작품완성, 신청서 ┃ 제출 ───────── 검정료 납부	▶ 「어린이 북아트 (1급)」 실기 검정 ▶ 「어린이 북아트 1급」 ① 자격인정신청서」(뒷면)와 ② 심사작품과 작품사진을 함께 　　**재단지부 · 교육원 · 재단소속 선생님**께 제출, 지부가 없는 지역은 **재단본부 사무처**로 제출 ▶ 「어린이 북아트 (1급)」 교재의 완성된 작품과 함께 **검정료 20,000원** 납부 ● 검정료 납부처 : 종이문화재단 국민은행 491001-01-141963
3단계	검정 및 평가	▶ (재)종이문화재단 산하 한국종이문화산업평가원에서 정하는 **전국 각 지부 · 교육원** 등에서 **검정 및 평가**
4단계	평가 및 결과 『어린이 북아트(1급)』 자격인증서 수여	▶ 약 1개월 후, 심사결과 통보 ▶ **합격한** 어린이는 「어린이 북아트 1급」 자격인증서 **수여**

* 1. 「어린이 북아트 1급 자격인정신청서」는 뒷 면의 「신청서」용지사용 바람. **(복사불가)**
* 2. 심사 소정의 서류를 갖추어 전국 각 지부(지부장) · 교육원(원장) 또는 재단소속 선생님,
　　또는 지부가 없는 지역은 재단사무처로 우송바람.
* 3. 검정료는 신청서 등 심사 소정의 서류와 함께 납부바람.

- 「어린이 북아트 1급」 자격취득을 위하여 **학습이 필요한 어린이**는
(재)종이문화재단 평생교육원이나 재단소속 선생님 또는 전국지부 · 교육원에서 「만드는 법」과 검정 평가에
합격할 수 있도록 **지도(특강 · 강좌 등) 받을 수** 있습니다.

종이문화로 세계화를, 종이접기로 평화를!

재단법인 종이문화재단
세 계 종 이 접 기 연 합

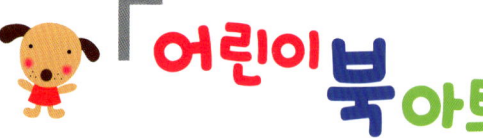

「어린이 북아트 1급」 자격인정신청서

신청인 성명	(한글)　　　　　　　　　　　　　　　(영문)

주민등록번호　　　　　　　　　　　　(만　　세) 전화번호 (　　)

우편번호(　　　-　　　)

집 주소

학 교 명

학교 담임 선생님 성명　　　　　　　　　　　담임 연락처

학교 주소

급수·자격증 받을 곳
□ 재단소속 선생님　□ 재단지부·교육원　□ 학교　□ 신청인 집　□ 기타

주 소

이 름

연락처

어린이 회원등록번호

※ 재단사무처 회원등록담당 기록란

※ ( )괄호 내용은 자세히 기록 바람

어린이 북아트　□ 지도선생님(　　　　　　　　　) □ 기타(　　　　　　　　　)

지부·교육원기재란	지부·교육원 명칭		지부가없는지역	기관 명칭	
	지부장·원장 성명			지도자 성명 재단소속 선생님	
	지부장·원장 년등록회원번호			지도양성자 년등록회원번호	
	연락처	(자 택)		연락처	(자 택)
		(핸드폰)			(핸드폰)

「어린이 북아트 1급」 자격심사를 받고자 소정의 서류 (①신청서 ②심사작품과 작품사진)을 제출합니다.

접수 확인	심사 확인	평 가

년　　월　　일

신청자 성명　　　　　　　　(인)

종이문화로 세계화를, 종이접기로 평화를!
잽단인 종이문화재단
세 계 종 이 접 기 연 합

사무처　TEL : 02)2279-7900　FAX : 02)2279-8333
홈페이지 : www.paperculture.or.kr
www.jongiejupgi.com